성막을 말하다

성막을 말하다

초판 1쇄 발행 2025. 11. 04.

지은이   강학종
펴낸이   방주석
펴낸곳   베드로서원
주 소   10252 경기도 고양시 일산동구 고봉로 776-92
전 화   031-976-8970
팩 스   031-976-8971
이메일   peterhouse@daum.net
등 록   2010년 1월 18일
창립일   1988년 6월 3일
ISBN   979-11-91921-40-3 03230

책값은 뒤표지에 있습니다.

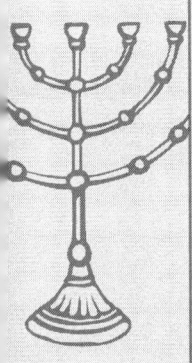

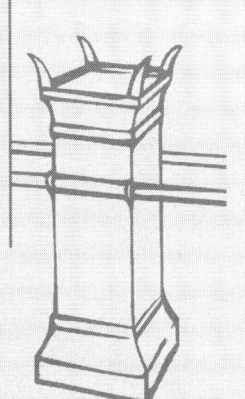

성막을
말하다

강학종 지음

성막을 보면

예수 그리스도가 보인다

베드로서원

목차

머리말 06

01 성막 개관 ································· 09

02 울타리 ································· 37

03 문 ································· 47

04 번제단 ································· 55

05 물두멍 ································· 71

06 성소 ································· 91

07 널판 ··· 119

08 떡상 ··· 131

09 등잔대 ······································ 149

10 분향단 ······································ 163

11 휘장 ··· 175

12 언약궤 ······································ 187

권말부록 대제사장 복장 ··················· 203

부교역자 시절, 제 설교를 유난히 좋아하는 분이 계셨습니다. 설교가 일정 분량 모이면 그때마다 마스터인쇄로 제본을 해주셨습니다. 청년회 수련회 때 성막을 강의한 적이 있는데, 그것도 그렇게 만들어주셔서 친구들한테 한 권씩 나눠줬습니다. 마침 친구가 사역하는 교회에 출판사를 운영하는 장로님이 계셨습니다. 교역자실에서 우연히 그것을 보시고는 책으로 내고 싶다고 연락을 주셨습니다. 그렇게 해서 제 첫 번째 책 〈쉽게 보는 어려운 성막〉이 나왔습니다.

책으로 나온 것은 1999년이지만, 원고는 1997년에 작성한 것입니다. 당시 저는 신학대학원을 갓 졸업한 전도사였습니다. 그런 제가 성막에 대해서 무엇을 알았을까요? 무식하면 용감하다는 말이 괜한 말이 아닌 모양입니다. 사실 성막을 잘 알아서 강의를 했다기보다 성막을 잘 몰라서 강의를 했다는 말이 맞을 것입니다. 성경을 읽을 때마다 성막 때문에 골치를 앓았으니 차라리 강의를 하면 알게 되지 않을까 하는 생각으로 일종의 배수진을 친 것이었습니다.

30년 가까이 지났습니다. 문득 문득 "아! 그게 아닌데 잘못 얘기했구나." 싶은 대목들이 떠올랐습니다. "나의 가는 길을 오직 그가 아시나니 그가 나를 단련하신 후에는 내가 정금 같이 나오리라"라는 욥 23:10 말씀을 욥의 신앙고백으로 잘못 설명하기도 했고 (지금도 많은 사람이 오해하는 말씀입니다.) 언약궤를 옮기던 중에 웃사가 죽은 얘기도 잘못 설명했습니다. 흔히 언약궤에는 십계명 돌판과 만나 항아리, 아론의 싹 난 지팡이가 있었다고 하는데, 그에 대한 생각도 달라졌습니다. 성막을 강해하면서 대제사장 의복을 빠뜨린 것도 서운했습니다.

개정판을 내야 하겠다는 생각을 한 지는 꽤 되었습니다. 차일피일 미루다가 손을 댔는데 고칠 곳이 한두 군데가 아니었습니다. 무엇보다 〈쉽게 보는 어려운 성막〉은 성경에 대한 이해가 거의 없는 청년들을 대상으로 강의한 내용입니다. 다분히 유치합니다. 다듬어야 할 곳이 생각보다 훨씬 많았습니다. 개, 보수를 하려고 손을 댔다가 리모델링을 한 격일까요? 그래서 제목도 바꿨습니다.

지난 1997년의 청년회 동계 수련회가 갑자기 생각납니다. 12시 넘은 시간까지 초롱초롱한 눈빛으로 강의를 듣던 청년들이 50대 중년이 되었을 만큼 시간이 지났습니다. 지금은 어디에서 무엇을 하고 있을까요? 무엇보다 신앙생활은 어떻게 하고 있을까요?

부교역자 시절, 때마다 제 설교 원고를 제본해주셨던 이동성 장로님과 김은실 권사님께 이 지면을 빌려 감사의 뜻을 전합니다. 그 덕에 제가 지금까지 스무 권 넘는 책을 쓰게 되었습니다. 감사 인사가 늦은 점이 송구합니다. 출판을 위해 애쓰신 베드로서원 방주석 장로님과 정진혁 부장님, 그리고 베드로서원 가족들에게도 깊은 감사를 느낍니다. 이 책을 읽는 모든 분들께 성막을 통해서 제가 깨달은 은혜가 그대로 전달되기를 소망하는 마음으로 두 손을 모읍니다.

주후 2025년 11월
하늘교회 목사 강학종

01

성막 개관

◆

나는 대학 졸업하고 직장 생활을 하다가 늦게야 신학을 시작했다. 강학종 집사 시절, 성경을 제법 열심히 읽었다. 하루 스물네 시간의 십일조는 성경을 읽는 것이 내가 정한 원칙이었다. 스물네 시간의 십일조는 두 시간 이십사 분이다.

그 시절, 성막은 참 골치 아팠다. 출애굽기 25장부터 성막이 나오는데 장이 몇 규빗[1], 광이 몇 규빗, 고가 몇 규빗 하는 얘기가 마냥 생소하기만 했다. 아무리 집중해서 읽어도 무슨 뜻인지 당최 알 수가 없었다.

책을 읽으면 그 내용이 머릿속에 그려져야 이해가 되는 법이다. 아브라함이 모리아산에서 이삭을 바치는 내용이나 요셉이 형들에 의해 종으로 팔리는 내용, 예수님이 오병이어 기적을 일으키는 내용을 읽으면 그 장면이 떠오른다.

---

1 한 규빗은 팔꿈치에서 중지 끝까지의 길이로 45.6cm입니다.

성막은 그게 안 된다. 아무것도 떠오르지 않으니 이해가 되지 않고, 이해가 되지 않으니 재미도 없다. 잠깐 딴 생각을 하다가 다시 성경으로 눈을 돌리면 방금 어디를 읽고 있었는지 몰라서 아무 데나 읽었던 기억이 있다.

그렇다고 해서 성막 부분을 빼고 읽을 수도 없다. 성경은 성막을 상당히 중요하게 다룬다. 성막 얘기가 출애굽기에 열세 장, 레위기에 열여덟 장, 민수기에 열세 장, 신명기에 두 장, 히브리서에 네 장, 모두 50장에 걸쳐서 나온다. 신구약성경이 전부 1,189장이니 성경 전체의 1/24이 넘는 곳에서 성막을 거론한다. 성막을 모르면 하나님께서 허락하신 계시의 상당 부분에 무지하게 되는데, 그럴 수는 없다.

기록된 분량만 그런 것이 아니다. 하나님이 엿새 동안 천지를 창조하시고 일곱 째 날에 안식하셨다. 이런 천지 창조의 모형을 성막에서 그대로 볼 수 있다. 하나님께서 모세에게 성막을 지으라는 말씀을 여섯 차례 하시고(출 25:1, 30:11, 30:1, 30:22, 30:34, 31:1) 그다음에 안식일을 말씀하셨다(출 31:12-17). 일곱 째 날에 안식하신 하나님이 아담에게 선악과를 먹지 말라고 하셨는데 아담이 이를 어긴 것처럼 출 31:12-17에서 하나님이 안식일을 말씀하신 데 이어 출 32:1-6에 이스라엘이 금송아지 우상을 섬기는 얘기가 나온다.

성막은 하나님의 새창조 사역이다. 그렇다면 그 답은 천생 예수 그리스도에서 찾아야 한다. 하나님께서 그토록 강조하시는 것이라면 예수 그리스도 말고는 없다.

아닌 게 아니라 그렇다. 성막은 우리에게 예수님의 사역을 보여준다. 성막을 보면 예수님이 보인다. 예수님이 이 땅에서 행하신 사역이 보이

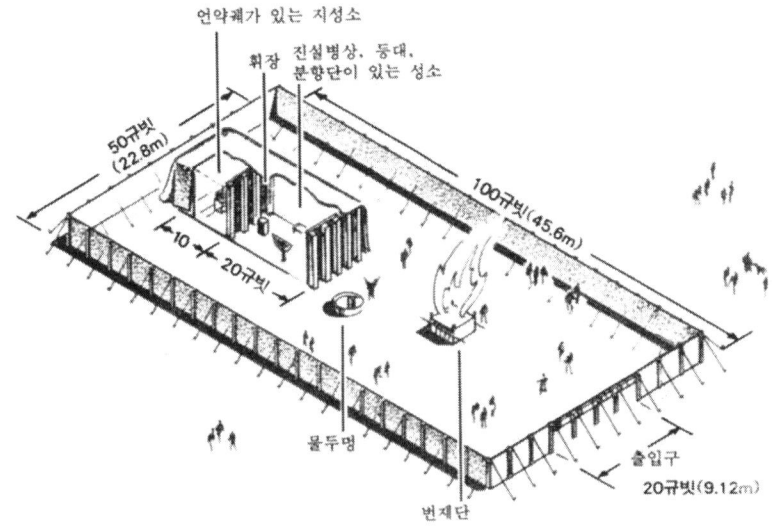

고, 예수님을 통해서 우리한테 말씀하시고자 하는 내용이 보이고, 예수님을 통해 구원 얻은 우리가 살아가야 할 삶의 방향이 보인다.

성막을 조감하면 우선 울타리가 있다. 그 울타리를 기준으로 내부를 성막 뜰이라고 한다. 울타리 동편에 있는 문을 통해서 안으로 들어가면 번제단이 있고, 번제단을 지나면 물두멍이 있다. 번제단과 물두멍을 통과하면 성소가 나온다. 성소 안으로 들어가면 떡상과 등잔대, 분향단이 있다. 분향단 뒤에는 휘장이 있고, 휘장으로 가려진 뒤쪽을 지성소(至聖所)라고 한다. 지성소에는 하나님의 임재를 상징하는 언약궤가 있다. 그 언약궤를 덮고 있는 것을 속죄소, 또는 시은좌라고 한다.

하나님께서 이런 성막을 세우라고 말씀하신다.

> 여호와께서 모세에게 말씀하여 이르시되 너는 첫째 달 초하루에 성막 곧
> 회막을 세우고(출 40:1-2)

한 해가 시작되는 1월 1일이면 누구나 새로운 마음을 갖는다. 1월 1일이라고 해서 특별히 다른 해가 뜨지는 않는다. 해가 동쪽으로 떠서 서쪽으로 지는 것도 똑같고, 하루가 스물네 시간인 것도 똑같다. 그런데도 해가 바뀌면 다른 삶이 시작되는 것처럼 말하곤 한다. 많은 사람이 1월 1일을 특별한 날로 여긴다는 뜻인데, 이스라엘은 더욱 그렇다. 성막을 세운 날이기 때문이다.

> 여호와께서 애굽 땅에서 모세와 아론에게 일러 말씀하시되 이 달을 너희
> 에게 달의 시작 곧 해의 첫 달이 되게 하고(출 12:1-2)

출애굽 직전, 하나님께서 유월절을 제정하시면서 하신 말씀이다. 이 달로 달의 시작, 즉 1월이 되게 하라고 하셨다. 이어지는 내용을 보면 이 달 10일에 어린양을 취하고 14일 해질 때에 잡으라고 한다. 히브리력으로 1월 14일이 유월절이다. 하나님께서 출애굽을 말씀하신 날이 1월 1일이 아닐까 싶은데, 아니어도 상관없다.

물이 몇 도에서 끓는지 물으면 전부 100℃에서 끓는다고 할 것이다. 이 정도는 초등학생도 안다. 그런데 정확한 말이 아니다. 누군가 물이 끓는 온도를 측정했더니 100℃였던 것이 아니라 물이 끓는 온도를 100℃로 정한 것이기 때문이다. 물이 어는 온도도 마찬가지다. 물이 0℃에서 어는 것이 아니라 물이 어는 온도를 0℃로 정한 것이다.

유대인들은 사내아이가 태어나면 8일 만에 할례를 행했다. 생후 8일째 되는 날, 혈액 응고가 가장 활발하게 이루어진다. 혈액 응고에 작용하는 프로트롬빈이 생후 3일인 아이는 성인의 30%에 불과하지만, 생후 8일에는 성인의 110%에 이른다.

언젠가 이런 말을 들은 적이 있다. 당시 사람들이 이런 사실을 어떻게 알았겠느냐면서, 하나님께서 다 아시고는 8일째 되는 날 할례를 행하게 하셨다는 것이었다. 일리 있는 말이다. 하지만 나는 동의하지 않는다. 하나님께서 그 사실을 아셔서 생후 8일째 되는 날 할례를 받게 하신 것이 아니라, 생후 8일째 되는 날 할례를 받게 하려고 그날 혈액 응고가 가장 잘 이루어지게 하신 것이다. 8이 구원을 나타내는 숫자다. 나병 환자가 나으면 8일째 되는 날 정결예식을 행했다.

1월 1일에 성막을 세운 것이 그런 식이다. 누군가 성막을 세우면서 달력을 봤더니 1월 1일이었던 것이 아니다. 성막을 세운 날을 1월 1일로 정했다. 마침 이스라엘이 애굽에서 나오는 것으로 한 해의 시작을 삼기도 했다.

요즘 말로 바꿔볼까? 누군가 교회에 왔다. 예수님을 구세주로 고백했다. 이제 새로운 삶을 살 것이다. 자기가 하나님의 백성이라는 사실을 그의 인생 속에서 새록새록 나타낼 것이다. 그런 거듭난 삶이 예수님에 대한 신앙고백에서 비롯되었다. 그러면 그날이 1월 1일이다. 지금까지의 삶에 연연할 이유가 없다. 지금까지는 접어 두고 새로 시작하는 날을 기념하는 것이다.

이스라엘로 얘기하면, 비록 성막 없이 살던 때가 있었지만 그것은 지나간 일이다. 이제는 성막이 있다. 새로운 삶을 살아야 한다. 삶 속에 성막이 들어왔으면 성막에 어울리는 삶을 사는 것이 맞다.

생각나는 성경 구절이 있을 것이다.

> 그런즉 누구든지 그리스도 안에 있으면 새로운 피조물이라 이전 것은 지
> 나갔으니 보라 새것이 되었도다(고후 5:17)

누구든지 그리스도 안에 있으면 새로운 피조물이다. 새로운 피조물이라는 얘기는 새로 만들어졌다는 뜻이다. 예수님이 니고데모에게 말씀하신 거듭나는 것이 바로 그렇다.

세상에서는 개량이나 개선에 초점을 두고 거듭났다는 표현을 쓴다. "부랑아 생활을 청산하고 새로운 사람으로 거듭났다"라고 할 수도 있고, "버려졌던 공간이 예술가들의 작업 공간으로 거듭났다"라고 할 수도 있다. 성경에서 말하는 거듭나는 것은 그렇지 않다. 말 그대로 반복해서 태어나는 것이다. 태어나기 전과 태어난 다음이 비교가 안 되는 것처럼 한 번 태어난 사람과 두 번 태어난 사람도 그렇다. 비교 자체가 불가능하다.

닭한테 생일이 있으면 언제가 생일일까? 달걀로 태어난 날이 생일일까, 병아리로 부화한 날이 생일일까? 닭은 말 그대로 두 번 태어난다. 달걀로 한 번 태어나고, 병아리로 또 한 번 태어난다. 이때 병아리에게는 달걀의 모습을 조금도 찾아볼 수 없다. 양계장 주인이 병아리들을 모아 놓고 본래 왕란이었는지 특란이었는지 묻지도 않는다. 병아리한테 달걀이었던 시절은 아무 의미가 없다. 이제부터 충실하게 자라면 그만이다.

성막을 세운 날이 그렇다. 바야흐로 새로운 인생을 시작하는 것이다.

지금까지의 달력을 무시하고 오늘이 1월 1일이다.

현기영 씨가 쓴 〈제주도우다〉라는 소설이 있다. 일제 강점기 말부터 4·3사건까지의 제주도가 그 배경이다. 정두길이라는 교사가 나온다. 그가 수업 시간에 조선말을 하자, 학생들이 어리둥절한 표정을 짓는다. 늘 일본어로 말하던 선생님이 조선말을 하기 때문이다. 정두길이 칠판에 "한글은 우리나라 글입니다"라고 쓰고는 반장한테 읽게 한다. 그리고 엄숙한 표정으로 선언한다. "내 이름은 정두길, 이제 나는 고지마 이쓰키가 아니다!" 아이들이 놀라움과 호기심으로 다 눈이 똥그래졌다. 정두길이 그 말을 두어 번 되풀이하더니 아이들한테도 시킨다. 그런 식으로 자기 이름을 말해보라는 것이다. 한 명씩 얘기한다. "내 이름은 송찬일, 이제 나는 야마모토 아키라가 아니다!", "내 이름은 신갑송, 이제 나는 무라이 마사오가 아니다!", "내 이름은 안창세, 이제 나는 아베 마코토가 아니다!" 그렇게 서른 명의 아이가 차례대로 자기의 본이름을 외쳤다. 그리고 만세를 부르고 환성을 질렀다. 발을 구르고 책상을 치고 서로 얼싸안았다. 그렇게 정체성 탈바꿈 의식을 치렀다. 책을 읽다가 슬그머니 내 이름을 집어넣었다. "내 이름은 강학종, 나는 세상에 속한 사람이 아니다!"

〈제주도우다〉에는 그런 의식을 치른 그들이 그다음에 어떻게 살았는지 나오지 않는다. 설마 그런 의식을 치르기 전과 똑같이 일본 사람 눈치를 보며 살지는 않았을 것이다.

우리가 정말로 거듭났을까? 그렇다면 정체성을 분명하게 해야 한다. 자기 이름이 고지마 이쓰키가 아닌 정두길이라고 했으면 고지마 이쓰키의 삶에 연연할 이유가 없는 것처럼 새로운 삶이 주어졌으면 새로운 삶을 사는 것이 책임이다.

바울은 그리스도 예수를 아는 지식이 가장 고상하기 때문에 이전에 유익하다고 생각하던 모든 것을 배설물로 여긴다고 했다. 이 세상 사는 동안 누가 어떤 배설물을 얼마나 쌓았는지 경쟁하는 법은 없다. 그리스도 예수를 알되, 더 알아야 한다. 성막이 우리한테 그런 메시지를 준다. 하물며 바울이 배설물로 여긴 것을 인생 목표로 삼는 일은 없어야 한다. 바울이 배설물로 여긴 것을 요즘 말로 하면 학벌이나 연봉, 아파트 평수가 될 것이다. 우리는 하늘에 속한 사람들이다.

그런 성막을 어떻게 지을 것인지 하나님께서 말씀하시는 내용이 출애굽기 25장에 나온다.

출 25:1-9〉 여호와께서 모세에게 말씀하여 이르시되 이스라엘 자손에게 명령하여 내게 예물을 가져오라 하고 기쁜 마음으로 내는 자가 내게 바치는 모든 것을 너희는 받을지니라 너희가 그들에게서 받을 예물은 이러하니 금과 은과 놋과 청색 자색 홍색 실과 가는 베실과 염소 털과 붉은 물들인 숫양의 가죽과 해달의 가죽과 조각목과 등유와 관유에 드는 향료와 분향할 향을 만들 향품과 호마노며 에봇과 흉패에 물릴 보석이니라 내가 그들 중에 거할 성소를 그들이 나를 위하여 짓되 무릇 내가 네게 보이는 모양대로 장막을 짓고 기구들도 그 모양을 따라 지을지니라

하나님께서 아담한테 선악과를 먹지 말라고 했는데 아담이 먹고 말았다. 물론 뱀이 꼬드기기는 했다. 죽는 것이 아니라 눈이 밝아져서 하나님과 같이 된다고 했다. 그러면 누구 말을 들어야 할까? 사람은 아무 말

이나 듣지 않는다. 자기가 듣고 싶은 말을 듣는다. 어떤 말을 듣는지가 곧 그 사람의 정체성이다.

결국 아담, 하와가 에덴동산에서 쫓겨나는 신세가 된다. 하나님께서 말씀하신 죽음이 생물학적인 죽음이 아니라 영적인 죽음이었다. 하나님과 관계가 끊어지는 것을 죽는 것으로 말씀하셨다. 하나님 마음이 어땠을까?

그때부터 임마누엘이 하나님의 꿈이 되었다. 죄를 지어서 하나님과 관계가 끊어졌으니까 하나님과 다시 함께하는 것이 구원인 셈이다. 즉 하나님의 꿈은 우리의 구원이다.

"그냥 구원하면 될 것 아닙니까?"라고 하지는 말자. 하나님은 공의의 하나님이다. 하다못해 체육 시간에 축구 심판을 맡아도 공정하게 봐야 하는데 하나님이 죄를 묵인할 수는 없다. 죄를 심판하지 않고 넘어가면 일종의 직무 유기가 된다. 그러면 우리한테 돌아오는 것은 구원이 아니라 방종이다.

하여간 아담, 하와의 범죄와 함께 우리를 향한 하나님의 구원 계획이 진행되었다. 그런 구원 계획에 따라 아담, 하와에게 가죽옷을 지어 입히셨고, 노아에게 방주를 만들게 했고, 아브라함을 부르셨고, 이스라엘 민족을 택하셨다. 다윗을 왕으로 삼기도 했고, 구약 성경 내내 숱한 선지자를 보내셨고, 나중에는 예수님을 십자가에 못 박으셨다. 지금은 그런 구원 계획의 일환으로 모세를 통해서 성막을 만들게 하는 중이다.

아브라함 요수아 헤셸이 하나님을 믿는 것은 그분의 꿈을 우리의 꿈으로 간직하는 것이라고 했다. 하나님의 꿈은 임마누엘이다. 우리가 정녕 기독교 신앙을 고백한다면 하나님과 함께하는 것을 꿈꿔야 한다. 그것

말고는 달리 바랄 것이 없다. 표현은 이상하지만 하나님이 자기와 함께 하시기를 바랄 게 아니라 자기가 하나님과 함께하기를 힘써야 한다.

요즘도 "예수 믿고 복 받자"라는 말을 하는지 모르겠다. 참 나쁜 말이다. "결혼 잘해서 팔자 고치자"로 바꿔서 생각하면 금방 알 수 있다. 누군가 그런 말을 한다면 결혼에 대한 모독이라고 할 것이다. 혼담이 무르익다가도 그런 생각을 들키면 파혼당하기 십상이다. 물론 결혼 잘해서 팔자 고치는 사례가 있기는 하다. 춘향이도 팔자 고쳤다. 기생 딸이 양반 가문의 자제와 정식으로 부부의 연을 맺었고, 임금으로부터 정렬부인의 칭호를 받았으니 요즘 말로 대박이다. 그렇다고 해서 춘향이가 팔자 고치는 것에 마음 둔 적이 있을까?

하나님이 우리를 사랑하시는 이유는 우리를 통해서 뭔가를 얻으려는 것이 아니다. 우리를 사랑하시는 것이 목적이다. 우리 역시 그래야 한다. 하나님께 뭔가 얻으려는 것이 아니라 하나님과 함께하는 것 자체가 소원이어야 한다.

애인의 변심 때문에 괴로워하던 자매가 있었다. 애인의 마음을 돌려 달라고 평소에 안 하던 십일조도 하고 새벽 기도도 했다. 하지만 변심한 애인은 돌아올 줄 몰랐다. 하루는 푸념을 늘어놓았다. "하나님을 간절히 찾으면 하나님이 만나주신다면서요? 대체 어느 만큼 간절해야 해요? 40일 금식이라도 해야 하나요?"

유감스럽게도 그 자매는 하나님을 간절히 찾은 적이 없다. 문제 해결 방안을 간절히 찾았을 뿐이다. 변심한 애인한테 상당히 친한 친구가 있어서 그 친구의 말을 잘 듣는다면 그 친구를 찾아갔을 것이다.

하나님을 찾는 것은 하나님을 찾는 것이어야 한다. 하나님을 매개 삼아서 원하는 것을 얻으려는 것은 하나님을 찾는 것이 아니다. 무화과나무가 무성하지 못하며 포도나무에 열매가 없으며 감람나무에 소출이 없으며 밭에 먹을 것이 없으며 우리에 양이 없으며 외양간에 소가 없을지라도 하나님을 찾는 사람은 하나님으로 만족하는 법이다.

하나님의 함께하심은 다를까? 많은 사람이 하나님의 함께하심을 원한다. 그런데 이상한 폐단이 있다. 하나님의 함께하심에서 거룩을 찾지 않고 형통을 기대하는 것이다. 예전에 어떤 분이 안고 있던 손자를 나한테 넘겨주면서 "이 아이 평생에 하나님이 함께해달라고 기도해주세요"라고 했다. 속으로 생각했다. 아이의 거룩을 위해서 기도해달라는 뜻일까, 아이의 형통을 위해서 기도해달라는 뜻일까?

이런 말을 하면 꼭 '둘 다'라고 하는 사람이 있다. 정말로 둘 다일까? 혹시 형통을 얘기하기 민망해서 둘 다라고 하는 것은 아닐까? 둘 중에 하나를 선택하는 게 어렵다면 둘 중에 하나를 포기하는 것은 어떨까? 하나를 선택하는 조건으로 다른 하나를 포기해야 한다면 무엇을 선택하고 무엇을 포기할까?

어쩌면 하나님은 우리와 함께하기를 원하시는데 우리는 하나님과 함께하기를 원하지 않는 것이 우리의 아킬레스건일 수 있다. 하루 스물네 시간 하나님과 함께하는 것보다 가끔 필요할 때만 하나님을 찾는 것이 훨씬 편하다.

그러면 찬송가 412장은 어떻게 된 영문일까?

내 영혼에 평화가 넘쳐남은 주의 큰 복을 받음이라
내가 주야로 주님과 함께 있어 내 영혼이 편히 쉬네

평화 평화로다 하늘 위해서 내려오네

그 사랑의 물결이 영원토록 내 영혼을 덮으소서

주야로 주님과 함께 있으면 잠시도 긴장을 늦출 수 없는 것 아닐까? 하고 싶은 것도 마음대로 못하고 늘 주님 눈치를 봐야 하는데 무슨 수로 영혼이 편히 쉴까? 그런데 그렇게 하면 평화가 하늘 위에서 내려온다고 한다. 그럼 둘 중에 한쪽을 고쳐야 한다. 찬송가 가사가 잘못되었으면 찬송가 가사를 고쳐야 하고, 우리가 잘못되었으면 우리를 고쳐야 한다.

어쩌면 우리의 맹점은 주야로 주님과 함께 있어본 경험이 없다는 사실일 수 있다. 주야로 주님과 함께 있기만 하면 영혼이 편히 쉴 수 있는데, 일주일에 한 번 잠깐 문안드리는 것으로 스스로 만족하니 영혼이 편히 쉬지 못하는 것이다. 애들의 경우로 얘기하면, 괜히 공부를 시작했다가 공부가 재미있어져서 컴퓨터 게임을 못하게 되면 안 된다는 식이다. 괜히 신앙생활을 제대로 했다가 신앙이 좋아져서 세상 재미를 놓아야 한다면 곤란하지 않은가?

그런 우리를 위해서 예수님이 오셨다. 요 1:14에서는 그 내용을 "말씀이 육신이 되어 우리 가운데 거하시매 우리가 그의 영광을 보니 아버지의 독생자의 영광이요 은혜와 진리가 충만하더라"라고 한다. 예수님은 말씀이 육신이 되어 우리 가운데 거하신 분이다. '거하다'로 번역된 '스케노오(σκηνοω)'가 '장막을 치다'라는 뜻이다. "내가 그들 중에 거할 성소를 그들이 나를 위하여 짓되…"라고 할 때의 '거하다'와 정확히 같은 뜻이다. 예수님이 하나님의 꿈을 이루기 위해서 이 땅에 오셨다. 오순절 성령 강림으로 임마누엘이 이루어졌다. 우리 구원이 완성되면 하나님의 꿈이 완벽하게 성취될 것이다. 본문은 하나님께서 성막을 통해서 그런 꿈을 비치시는 내용이다. 그래서 "너희가 살아가는 삶의 현장 한복판에 나도 장막을 치고 너희와 함께 살겠다"라고 하셨다.

C. S. 루이스의 〈순전한 기독교〉에 조지 맥도날드의 비유를 인용한 내용이 나온다. "여러분 자신이 살아 있는 집이라고 상상해 보십시오. 하나님이 오서서 그 집을 다시 지으려 하십니다. 처음에는 그가 하는 일이 이해가 될 것입니다. 그는 하수구를 고치고 지붕의 새는 곳들을 막는 일을 합니다. 다 필요한 일이므로 놀랄 이유가 없습니다. 그런데 얼마 안 가 집을 때려 부수기 시작하는데, 지독하게 아플 뿐만 아니라 도무지 이해할 수가 없습니다. 도대체 무슨 일을 하고 계신 걸까요? 그는 여러분 생각과 영 다른 집을 짓고 계십니다. 여기에는 한쪽 벽을 새로 세우고 저기에는 바닥을 더 깔고 탑을 새로 올리고 마당을 만드십니다. 여러분은 아담한 오두막집을 생각했습니다. 그런데 그는 궁전을 짓고 계십니다. 친히 그 궁전에서 우리와 함께 살 작정이십니다."

하나님이 거하실 집이 움막일 수는 없다. 하나님 위상에 맞는 집이어야 한다. 하나님 혼자 거하시는 것이 아니다. 우리와 함께 거하신다. 우리 역시 그 집에 어울리는 사람으로 변모되어야 한다. 성막이 우리에게 그런 메시지를 준다.

예배당을 지을 때 건축헌금을 하는 것처럼 성막을 만들려면 준비를 해야 한다. 당시는 화폐경제시대가 아니었으니 헌금이 아니라 헌물을 했는데 품목이 굉장히 다양했다. 하나님의 사역에는 쓰임받지 못하는 물건이 없는 것 같다. 금이나 은 같은 귀금속은 물론이고 염소 털이나 나무

토막(조각목)까지 모든 종류의 물건이 다 필요했다. 능력이나 자질이 없어서, 혹은 가진 것이 없어서 하나님의 일에 동참할 수 없다는 말은 핑계에 불과하다. 마음만 있으면 누구나 동참할 수 있다.

하나님께서 모세를 부르실 때도 그랬다. 떨기나무에 붙은 불로 모세를 찾아오신 하나님께서 "이제 내가 너를 바로에게 보내어 너에게 내 백성 이스라엘 자손을 애굽에서 인도하여 내게 하리라"라고 하셨을 때, 모세가 "와! 하나님, 역시 사람 볼 줄 아시네요. 제가 아니면 누가 그런 일을 하겠습니까?" 하고 나선 것이 아니었다. 자기는 본래 말재간이 없어서 그런 일에 적합하지 않다고 했다. 하나님께서 모세의 지팡이가 변하여 뱀이 되게 하고, 또 손에 나병이 발했다가 도로 낫게 하는 이적을 보여주셨는데도 완강하게 도리질을 쳤다. "오 주여 나는 본래 말을 잘하지 못하는 자니이다 주께서 주의 종에게 명령하신 후에도 역시 그러하니 나는 입이 뻣뻣하고 혀가 둔한 자니이다"가 모세의 대답이었다.

모세 스스로 생각하기에도 자기는 적임자가 아니었다. 나이는 팔십 고령이었고, 우리나라 속담에 겉보리 서 말만 있어도 안 한다는 처가살이를 40년째 하는 처지였다. "하나님, 제 나이가 이미 팔십입니다. 이 나이에 무엇을 한단 말입니까?"라고 할 수도 있었을 것이고, "제 형편을 보십시오. 저를 따르는 사람이 있는 것은 고사하고 제 몸 하나 제대로 건사하지 못하는 신세입니다. 그런 일을 제가 어떻게 감당합니까?"라고 할 수도 있었을 것이다. 또 있다. 어쩌면 하나님에 대한 서운함이 있었을 수 있다. 40년 전에 자기가 분연히 나섰을 때는 왜 안 도와주시고 이제야 부추긴단 말인가? 그때 도와주셨으면 진작 끝났을 일 아닌가?

그런데 다른 이유는 하나도 없이 말이 어눌해서 못한다고 했으니 정말로 말주변이 없었던 것 같다. "하나님, 저는 입이 뻣뻣하고 혀가 둔하여 못합니다."라는 모세의 말에 하나님께서 "속 보이는 소리 하지 마라. 내가 모를 줄 아느냐?"라고 윽박지르지 않으셨다.

그럼에도 모세가 이스라엘을 인도하면서 말솜씨 때문에 리더십에 문제가 생긴 적은 없다. 이스라엘이 광야 생활 내내 불평하기는 했지만 모세의 말주변과는 무관했다.

개인적인 얘기를 하자면, 당시 모세의 심정을 나만큼 잘 이해하는 사람도 드물 것이다. 나는 어렸을 때부터 말이 빨랐다. 가끔 더듬기도 하고 발음도 안 좋다. 말투가 투박하고 퉁명스럽기까지 하다. 나는 지금도 낯선 자리에서는 가급적 말을 하지 않는다. 말을 하는 것이 나한테는 일종의 콤플렉스다.

대학 졸업하고 5년 넘게 직장 생활을 하면서, 내가 가야할 길이 따로 있다는 생각은 하면서도 신학에 엄두를 못 낸 이유이기도 했다. 목회를 하면 수시로 하는 일이 설교인데, 말도 제대로 못하는 주제에 무슨 수로 설교를 하느냐는 한탄이 나를 괴롭혔다. 그런 고민 속에서 신학을 시작했고, 그렇게 걱정하던 설교도 하게 되었다. 참으로 희한한 것은 차마 남에게 공개하기 어려운 말주변으로 설교를 하는데도 교인들이 알아듣더라는 사실이다.

일찍이 매트 챈들러가 "하나님은 당신의 위대함을 필요로 하지 않습니다. 당신의 순종을 원하십니다."라고 했다. 당연한 얘기다. 하나님은 전능하신 분이다. 우리가 아무리 무능해도 그것 때문에 하나님께서 하시고자 하는 일이 제한될 수는 없다. 아무리 유능해도 그것이 하나님께 도움 되지도 않는다. 무한대에 100을 더하거나 무한대에서 100을 빼거나 달라지는 것은 없다.

> 무릇 내가 네게 보이는 모양대로 장막을 짓고 기구들도 그 모양을 따라
> 지을지니라(출 25:9)

성막을 지을 때는 한 가지 원칙이 있었다. 하나님 마음대로의 원칙이다. 성막에는 쉬 납득이 안 되는 부분이 있다. 우선 성소에 창문이 없다. 건물을 지으면서 창문을 만들지 않는 것은 어처구니없는 일이다. 길이가 100규빗(45.6m), 너비가 50규빗(22.8m)인 울타리에 문을 하나만 만든 것도 의아하다. 동서남북 사방에 문을 만들면 더 편하지 않았을까? 게다가 그 문이 울타리에 비해서 너무 크다. 고개를 갸웃거리게 하는 요소가 한둘이 아닌데 하나님 말씀이 그렇다. 우리는 하나님의 뜻을 이해하려고 애쓰기 전에 하나님의 뜻에 순종하려고 애써야 하는 사람들이다. 지금 모르는 것도 순종하다 보면 알게 될 것이다.

팀 켈러 목사의 〈고통에 답하다〉에서 읽은 내용을 소개한다. 아들이 여덟 살이 되자, 자기 뜻을 내세우며 부모의 가르침에 저항하기 시작했다고 한다. 한번은 꽤 삐딱하게 반응하면서 이렇게 말했다. "아빠 말대로 할게요. 하지만 먼저 왜 그래야 하는지 설명해 주세요." 팀 켈러 목사가 답했다. "납득이 되어야만 아빠 말에 따르겠다면, 그것은 순종이 아니라 동의란다. 문제는 네가 왜 이 일을 해야 하는지 내가 얘기해줘도 그 말을 알아듣기에는 네가 너무 어리다는 거야. 넌 여덟 살이고 나는 서른여덟 살이야. 넌 아이고 난 어른인데다 네 아빠임을 기억하렴."

아이들은 부모의 뜻을 알 수 없어도 무조건 신뢰해야 한다. 하물며 우

리가 하나님의 뜻을 무조건 신뢰해야 하는 이유를 설명할 필요가 있을까? 하나님과 우리 사이에 존재하는 지혜의 차이가 부모와 자녀 사이의 그것과 비교가 안 되기 때문이 아니다. 하나님은 주권자이고 전능하신 분이기 때문도 아니다. 주님께서 십자가에서 우리의 신뢰를 얻으셨기 때문이다. 그래서 우리가 하나님을 믿고 의지할 수 있다. 하나님은 우리가 무작정 신뢰해도 될 만큼 선하신 분이다.

나태주 시인의 〈마음을 얻다〉라는 시가 있다.

있는 것도 없다고
네가 말하면
없는 것이고

없는 것도 있다고
네가 말하면
있는 것이다.

후회하지 않겠다.

누군가를 좋아하면 매사에 그 사람이 기준이 된다. 그 사람이 있다고 하면 있는 것이고, 없다고 하면 없는 것이다. 진지하게 따져보자. 우리가 정말로 하나님의 마음을 얻는 것에 관심이 있을까? 하나님을 사랑하는 사람이라면 하나님 뜻에 따르는 것이 전혀 어려운 일이 아니다.

이렇게 해서 성막을 짓기 위한 작업이 진행되는데, 성막을 지으려면 먼저 재료를 취합해야 한다. 그 이야기가 이렇게 소개된다.

> 모세가 브살렐과 오홀리압과 및 마음이 지혜로운 사람 곧 그 마음에 여호와께로부터 지혜를 얻고 와서 그 일을 하려고 마음에 원하는 모든 자를 부르매 그들이 이스라엘 자손의 성소의 모든 것을 만들기 위하여 가져온 예물을 모세에게서 받으니라 그러나 백성이 아침마다 자원하는 예물을 연하여 가져왔으므로 성소의 모든 일을 하는 지혜로운 자들이 각기 하는 일을 중지하고 와서 모세에게 말하여 이르되 백성이 너무 많이 가져오므로 여호와께서 명령하신 일에 쓰기에 남음이 있나이다 모세가 명령을 내리매 그들이 진중에 공포하여 이르되 남녀를 막론하고 성소에 드릴 예물을 다시 만들지 말라 하매 백성이 가져오기를 그치니 있는 재료가 모든 일을 하기에 넉넉하여 남음이 있었더라(출 36:2-7)

이삭토스트 창업주의 인터뷰 내용을 본 적이 있다. 토스트 가게를 하는데 손님이 미어터져서 대기 줄이 100m에 이르렀다고 한다. 하루에 꼬박 16시간씩 토스트를 구웠다. 매상이 얼마나 되는지 계산할 겨를이 없어서 비닐봉지에 담긴 돈을 세 보지도 못한 채 장롱에 넣어 뒀다가 주일에야 꺼내서 세 보았다고 한다. 손님이 얼마나 몰려오면 그렇게 될까?

당시 이스라엘도 그랬다. 백성들이 성막을 만들기 위한 재료를 너무 많이 가져와서 작업에 방해가 될 정도였다. 어떤 교회에서 예배당을 짓는데 교인들이 앞을 다퉈서 건축헌금을 하는 바람에 건축에 지장을 초래하는 일이 있을 수 있을까? 구약 시대와 지금은 실물경제시대와 화폐경

제시대라는 차이가 있는 것을 모르지는 않지만 도저히 상상이 안 된다.

한 가지 짚고 넘어가야 할 사실이 있다. 당시 이스라엘은 400년 동안 애굽에서 노예로 지내다가 이제 막 자유를 찾은 사람들이다. 승전을 거두고 전리품을 챙겨서 개선하는 사람들도 아니고, 장사를 해서 떼돈을 벌고 금의환향하는 사람들도 아니다. 성막을 만들기 위한 금은이나 패물이 어디에서 났을까?

여호와께서 모세에게 이르시기를 내가 이제 한 가지 재앙을 바로와 애굽에 내린 후에야 그가 너희를 여기서 내보내리라 그가 너희를 내보낼 때에는 여기서 반드시 다 쫓아내리니 백성에게 말하여 사람들에게 각기 이웃들에게 은금 패물을 구하게 하라 하시더니 여호와께서 그 백성으로 애굽 사람의 은혜를 받게 하셨고 또 그 사람 모세는 애굽 땅에 있는 바로의 신하와 백성의 눈에 아주 위대하게 보였더라(출 11:1-3)

이스라엘 자손이 모세의 말대로 하여 애굽 사람에게 은금 패물과 의복을 구하매 여호와께서 애굽 사람들에게 이스라엘 백성에게 은혜를 입히게 하사 그들이 구하는 대로 주게 하시므로 그들이 애굽 사람의 물품을 취하였더라(출 12:35-36)

하나님께서 미리 은금 패물을 확보할 수 있도록 조치를 하셨다. 설마 400년 동안 종살이를 했으니 밀린 인건비를 받아가라고 그런 것은 아닐 것이다. 뭔가 계획이 있어서 준비하게 하신 것이다. 우리는 우연이라는 단어를 쓰지만 하나님께는 우연이 없다. 모든 것이 하나님의 경륜이다.

이때 은금 패물을 말씀하신 것도 성막을 만들기 위한 준비 작업이었다.

이런 하나님의 뜻을 무색하게 하는 사건이 벌어지고 만다. 모세가 시내산에 올라간 사이에 산 밑에 있던 이스라엘이 금송아지 우상을 섬긴 것이다. 학생 시절, 아피스 만년필이 참 유명했는데, 그 금송아지 이름이 아피스다. 애굽에서 섬겼던 수두룩한 신 중의 하나다.

> 백성이 모세가 산에서 내려옴이 더딤을 보고 모여 백성이 아론에게 이르러 말하되 일어나라 우리를 위하여 우리를 인도할 신을 만들라 이 모세 곧 우리를 애굽 땅에서 인도하여 낸 사람은 어찌 되었는지 알지 못함이니라 아론이 그들에게 이르되 너희의 아내와 자녀의 귀에서 금 고리를 빼어 내게로 가져오라 모든 백성이 그 귀에서 금 고리를 빼어 아론에게로 가져가매 아론이 그들의 손에서 금 고리를 받아 부어서 조각칼로 새겨 송아지 형상을 만드니 그들이 말하되 이스라엘아 이는 너희를 애굽 땅에서 인도하여 낸 너희의 신이로다 하는지라 아론이 보고 그 앞에 제단을 쌓고 이에 아론이 공포하여 이르되 내일은 여호와의 절일이니라 하니 이튿날에 그들이 일찍이 일어나 번제를 드리며 화목제를 드리고 백성이 앉아서 먹고 마시며 일어나서 뛰놀더라 (출 32:1-6)

예수님이 십자가에 달리셨을 때 로마 군병들은 십자가 밑에서 예수님 옷을 제비뽑았다. 십자가 위에서 벌어지는 일과 십자가 밑에서 벌어지는 일이 이렇게 극명하게 엇갈릴 수 있을까? 모세 시대에도 비슷한 작태가 있었다. 산에 오른 모세는 하나님과 독대해서 십계명 돌판과 성막 설계도를 받는데, 산 밑에 있던 이스라엘은 금으로 송아지 형상의 우상을 만들고는 거기에 경배했다. "여호와를 섬긴 것은 지금까지로 족하다. 앞으로는 이 금송아지를 섬기자."라고 한 것이 아니다. 그 송아지가 자기들을 애굽 땅에서 인도해낸 신이라고 했다. 대체 그 금송아지가 언제 홍해를 갈랐을까? 그 금송아지가 언제 만나를 내리고, 반석에서 물이 나오게 했을까?

'테트라 그람마톤(τετρα γραμματον)'이라는 말이 있다. 신성사문자(神聖四文字)라고도 한다. 하나님의 성호를 표기하는 네 글자(ㅠㅠ)를 뜻한다. 헬라어로 '테트라'는 넷이고 '그람마톤'은 글자다. 유대인들은 이 글자를 발음하지 않는다. 하나님의 성호를 더러운 인간의 입으로 발음하는 것이 죄스럽다는 것이다. 성경을 필사하다가 이 단어가 나오면 목욕을 하고 다시 필사했다. 그런데 금송아지를 만들고 여호와라고 했다. 바울이 로마교회에 편지를 쓰면서 "썩어지지 아니하는 하나님의 영광을 썩어질 사람과 새와 짐승과 기어다니는 동물 모양의 우상으로 바꾸었느니라"라고 탄식한 그대로다.

이 세상에서는 등가교환의 법칙이 통용된다. 무엇인가를 얻고자 한다면 그에 상응하는 대가를 치러야 한다. 만 원짜리 물건은 만 원과 맞바꾸는 법이다. 그런데 이스라엘은 자기들을 구원한 하나님을 허망한 금송아지 우상과 맞바꿨다. 이렇게 우매한 거래가 어디 있단 말인가?

요즘은 이런 거래가 없을까? "난 지금부터 교회에 발 끊고 금송아지 우상 섬길 거야"라는 사람은 없다. 불신앙은 그보다 훨씬 교묘한 형태로 나타난다. 잠깐이라는 핑계로 신앙을 보류하고 세상을 탐하는 모든 소행이 여기에 걸린다. 어쩌면 그것은 더 넓은 집이나 더 높은 연봉일 수도 있고, 더 좋은 학벌일 수도 있다. 죄다 자기만의 금송아지 우상이다.

이찬수 목사가 쓴 〈에클레시아〉에 전혀 상반되는 얘기가 나온다. 교구를 맡은 목사가 순장 모임을 인도하면서 "약할 때 강함 되시네" 찬양을 불렀다.

약할 때 강함 되시네 나의 보배가 되신 주 주 나의 모든 것
주 안에 있는 보물을 나는 포기할 수 없네 주 나의 모든 것

찬양이 끝난 다음 질문을 했다. "주 안에 있는 보물을 포기할 수 없다고 했는데, 여러분에게는 포기할 수 없는 보물이 어떤 것입니까?"

한 분이 말을 꺼냈다. 지금보다 훨씬 조건이 좋은 직장으로 옮길 기회가 있었는데 옮기지 않았다는 것이었다. 이유가 두 가지였다. 하나는, 지금 직장에서는 순장 사역이 가능한데 직장을 옮기면 할 수 없기 때문이다. 또 하나는, 같이 일하는 직장 동료 중에 남편이 식물인간으로 누워 있어서 힘들어하는 분이 있는데, 그분을 두고 떠날 수 없다는 것이었다.

어떤 것을 선택하느냐 하는 문제는 어떤 것을 포기하느냐와 연결된다. 어떤 것을 선택하고 어떤 것을 포기하는지를 보면 그 사람의 가치관을 알 수 있다. "내가 비록 세상을 탐하느라 신앙을 보류하기는 하지만 나는 여전히 신앙을 중시한다"라는 말은 어불성설이다.

가톨릭 작가이며 철학자인 피터 크리프트가 "유신론의 반대는 무신론이 아니고 우상 숭배다"라고 했다. 우리한테는 유신론이 신의 존재를 인정한다는 뜻이다. 그 신이 꼭 하나님이라는 법은 없다. 피터 크리프트는 미국 사람이다. 그에게 유신론은 기독교 신앙과 같은 뜻이다. "유신론의 반대는 무신론이 아니고 우상 숭배다"라는 말은 "하나님을 인정하지 않

으면 하나님의 존재를 부인하는 것으로 끝나지 않고 우상을 숭배하게 된다"라는 뜻이다. 그의 말에 따르면 신을 섬기지 않는 사람은 없다. 진짜 신을 섬기든지, 가짜 신을 섬기든지 사람은 신을 섬기게 마련이다. 우리가 스스로에게 물어야 할 질문은 "나는 과연 신을 섬기는가?"가 아니라 "나는 어떤 신을 섬기는가?"이다. 누군가 하나님을 섬기지 않는다면 그 사람은 보나마나 돈을 섬길 것이다. 그 사람을 주장하는 가장 큰 힘이 돈이다.

세익스피어가 이 세상에 검은 것을 희게, 추한 것을 아름답게, 잘못을 옳은 것으로, 천한 것을 고상하게, 늙은이를 젊은이로, 비겁한 자를 용사로 만드는 것이 있다고 했다. 바로 돈이다. 마키아벨리는 그의 책 〈군주론〉에서 "사람은 부모를 죽인 사람은 잊어도 경제적인 이익을 빼앗아간 사람은 절대 잊지 않는다"라고 했다. 혹시 세익스피어나 마키아벨리가 살던 시대에만 그렇고 지금은 안 그럴까? 믿음, 소망, 사랑 중에 사랑이 제일이라는 고백은 별로 힘이 없다. 믿음, 소망, 사랑, 돈 중에서도 사랑이 제일이라고 고백할 수 있어야 한다.

이스라엘은 대놓고 금송아지 우상을 하나님이라고 했으니 뚜렷하게 구별이라도 된다. 작금의 문제는 하나님 대신 금송아지를 섬기는 것이 아니라 하나님과 금송아지를 겸하여 섬기려는 것으로 나타난다. 단적인 예가 하나님께 재물을 구하는 것이다. 이때의 재물은 돈이 아니라 세상에 속한 것을 의미한다. 기형도 시인이 밑줄은 성경이 아니라 삶에 그어야 한다고 했는데, 간절히 하나님께 세상에 속한 것을 구하면 소원을 아뢰는 대상이 하나님이라는 사실에 밑줄을 그어야 할까, 하나님께 구하는 것이 세상에 속한 것이라는 사실에 밑줄을 그어야 할까? 자기 스스로는 하나님께 구한다는 사실에 포인트를 둘 수 있지만, 딱히 달라지는 것은 없다.

다시 이스라엘 얘기를 하자. 성경에는 금송아지의 크기가 나와 있지 않지만 설마 한 돈이나 두 돈짜리는 아닐 것이다. 신으로 섬기려면 크기가 제법 되었을 것이다. 하나님께서는 성막을 만들게 하려고 미리 금을 준비하게 하셨는데 이스라엘은 그것으로 우상을 만들었다. 이런 소행이 어떻게 가능할까?

영국 성공회 캔터베리 주교인 윌리엄 템플이 어떤 가정에 식사 초대를 받은 적이 있다. 소파에 앉아 식사가 준비되기를 기다리는데 요리사가 "내 주를 가까이 하게 함은"을 불렀다. 일을 하면서도 찬송가를 부르는 것이 듣기 좋아서 주인에게 말했다. "요리사가 요리를 하면서도 저렇게 찬송을 부르니 참 듣기 좋습니다." 그 말에 주인이 답했다. "저 찬송은 달걀을 삶을 때 부르는 찬송입니다. 반숙으로 삶을 때는 3절까지 부르고, 완숙으로 삶을 때는 4절까지 부릅니다."

찬송가한테 인격이 있으면 뭐라고 할까? "이봐! 나는 하나님을 높이기 위해서 태어났어. 나를 가지고 뭐하는 거야? 당장 그만두지 못해?"라고 하지 않을까?

내가 자라던 시절에는 국민교육헌장이 있었다. "우리는 민족 중흥의 역사적 사명을 띠고 이 땅에 태어났다"로 시작한다. 그 시절에는 자기한테 민족 중흥의 역사적 사명이 있다는 사실을 인정하지 않으면 우리나라 국민이 아니었다.

이 내용을 소요리문답 1번에 빗대면 어떻게 될까? 사람의 제일 된 목적은 하나님의 영광이다. 하나님의 영광을 위해서 살지 않으면 사람 자격이 없다. 사람의 탈을 썼는지 몰라도 사람이 아니다. 표현이 너무 과격한가? 그럼 살짝 양보할 수 있다. 하나님의 영광을 위해서 살지 않으면 사람이라고 할 수는 있을지 몰라도 신자라고 할 수는 없다.

우리 몸은 보통 몸이 아니다. 하나님의 영광을 위해서 살아야 하는 몸이다. 그런 몸으로 엉뚱한 것을 추구할 수 있다. 하나님이 우리에게 건강을 주셨다면 그 건강으로 할 일이 있기 때문이고, 물질을 주셨다면 그 물질로 할 일이 있기 때문이다. 명심해야 한다. 우리에게 뭔가 주어진 것이 있다면 그것은 쾌락을 위한 것이 아니라 사명을 위한 것이다. 이것을 생각하게 하는 사건이 금송아지 사건이다.

같은 맥락에서 호세아 선지자는 이렇게 탄식했다.

> 곡식과 새 포도주와 기름은 내가 그에게 준 것이요 그들이 바알을 위하여 쓴 은과 금도 내가 그에게 더하여 준 것이거늘 그가 알지 못하도다(호 2:8)

어떤 남자에게 애인이 있는데 그 애인에게 다른 남자가 있다고 하면 정말 기가 막힌 노릇이다. 자기가 애인에게 선물한 물건을 그 남자가 갖고 있다면 그때의 배신감이 어떨까? 당연히 결별을 선언해야 한다. 그런 일을 당하고도 여전히 그 여자를 사랑하는 남자가 있을까?

이스라엘과 하나님이 바로 그렇다. 이스라엘은 계속 하나님께 배역하는데 하나님은 그런 이스라엘을 끝까지 사랑하신다는 얘기가 우리가 매주 들고 다니는 성경책에 가득 차 있다.

앞에서 말한 것처럼 울타리 동편의 출입문을 통해서 들어가면 번제단이 보인다. 그다음에 물두멍이 있고, 물두멍을 지나면 성소가 있다. 성소에 들어가면 오른쪽에 떡상, 왼쪽에 등잔대, 맞은편에 분향단이 있다. 그 뒤에 휘장이 있고, 휘장 너머 지성소에는 하나님의 임재를 상징하는 언약궤가 있다.

성막에 들어가서 가장 먼저 할 일은 번제단에서 제물을 드리는 일이다. 자기 죄 때문에 제물이 불타는 것이다. 주님께서 우리를 위해서 대신 죽으신 십자가 사건을 예표한다. 그다음에 있는 물두멍은 성결을 보여준다. 구원을 얻었어도 죄는 범하게 되는데, 그때마다 죄를 회개하면서 자신을 성결하게 해야 한다. 번제단이 이스라엘이 홍해를 건넌 사건에 해당한다면 물두멍은 광야를 걷는 것에 해당한다. 광야를 걸을수록 가나안이 가까워지는 것처럼 물두멍에서 계속 자신을 성결하게 해야 한다. 그리고 성소에 들어가면 떡상은 생명의 떡이신 예수님을 나타내고, 등잔대는 성령의 조명, 분향단은 우리의 기도, 언약궤는 하나님의 임재를 나타낸다.

이런 성막에 무엇이 있는지 밖에서는 보이지 않는다. 고작해야 울타리만 보일 뿐이다. 밖에서 보는 교회가 그렇다. 교회가 어떤 곳인지 알려면 안으로 들어와야 한다. 성막 바깥에서는 울타리밖에 보이지 않는 것처럼 교회 밖에서는 예배당 건물밖에 보이지 않는다. 우호적으로 평가해 봐야 "저 안에 있는 사람들은 다른 사람들보다 착하겠지"라는 정도의 기대밖에 없을 것이다. 그 안에서 이루어지는 구원 사역이 얼마나 놀라운 일인지는 직접 체험해보기 전에는 모른다.

일단 성막 안으로 들어온 다음에 거기 배열된 기구들을 따라 진행하면서 신앙이 자라야 한다. 영접 기도 한 번 따라 한 것으로 끝나는 것이 아니라 신앙이 완성되어야 한다. 우리는 천국에 턱걸이만 하면 되는 사람들이 아니라 그리스도의 장성한 분량이 충만한 데까지 이르러야 하는 사람들이다.

예전에 성경 공부를 인도하면서 이 말을 했더니 어떤 분이 그랬다. "저는 그런 거 안 바라요. 그냥 천국에만 들어갈 수 있으면 그걸로 감지덕지죠." 우리가 구원을 얻은 것이 우리 능력이면 그럴 수 있다. 그런데 우리는 하나님의 은혜로 구원 얻은 사람들이다. 하나님이 우리가 천국에 턱걸이하는 것으로 만족하실까?

"하나님이 세상을 이처럼 사랑하사 독생자를 주셨으니 이는 그를 믿는 자마다 멸망하지 않고 영생을 얻게 하려 하심이라"라는 요 3:16 말씀을 모르는 사람은 없다. 예수님이 하나님의 독생자다. 그런데 성경은 예수님을 하나님의 맏아들이라고도 한다[2]. 예수님이 우리를 구원하실 때는 하나님의 외아들이었는데, 우리를 구원하신 다음에는 맏아들이다. 우리가 예수님의 동생들인 셈이다.

형만 한 아우 없다고 한다. 아우보다는 형이 낫다는 뜻인데, 전제가 있다. 형과 아우가 비교 대상이 된다는 사실이다. 형이 호랑이인데 아우가 고양이거나, 형이 독수리인데 아우가 까마귀일 수는 없다. 우리가 예수님보다 나을 수는 없다. 하지만 존재 자체가 다르면 안 된다. 우리를 예수님에 버금가는 존재로 만드는 것이 하나님의 구원 목적이고, 그런 구원 목적을 이루기 위한 과정에서 우리에게 주신 것이 성막이다.

성경은 이런 성막에 대한 설명을 언약궤부터 시작한다. 언약궤를 먼

---

2 하나님이 미리 아신 자들을 또한 그 아들의 형상을 본받게 하기 위하여 미리 정하셨으니 이는 그로 많은 형제 중에서 맏아들이 되게 하려 하심이니라(롬 8:29)

저 말하고 이어서 성소에 있는 기구를 말하고, 그다음에 성막 뜰에 있는 기구를 말한다. 하지만 성막을 공부하는 입장에서는 바깥에서 시작하는 것이 자연스럽다. 동쪽 울타리에 있는 문을 통해서 성막 뜰로 들어간 다음 번제단과 물두멍을 거쳐 성소와 지성소를 살피는 것이 우리의 구원 여정에 어울린다.

나중에 솔로몬이 성전을 지은 다음부터 성전이 성막을 대신한다. 이런 성전은 다분히 구약 개념이다. 건물로서의 성전은 더 이상 존재하지 않는다. 왕궁이 왕궁인 이유는 왕이 거처하기 때문인 것처럼 성전에는 하나님의 임재를 상징하는 언약궤가 있었다. 하지만 지금은 성령께서 내주하시는 우리가 성전이다[3]. 주변에서 흔히 말하는 성전 건축이나 성전 이전은 죄다 잘못된 표현이다. 예배당 건축이나 교회당 이전이라고 해야 한다. 진정한 성전 건축은 호화로운 건물을 짓는 것이 아니라 우리가 신앙 안에서 바로 서는 것이다.

---

3   너희는 너희가 하나님의 성전인 것과 하나님의 성령이 너희 안에 계시는 것을 알지 못하느냐 (고전 3:16)

02

울타리

◆

출 27:9-19〉 너는 성막의 뜰을 만들지니 남쪽을 향하여 뜰 남쪽에 너비가 백 규빗의 세마포 휘장을 쳐서 그 한쪽을 당하게 할지니 그 기둥이 스물이 며 그 받침 스물은 놋으로 하고 그 기둥의 갈고리와 가름대는 은으로 할지 며 그 북쪽에도 너비가 백 규빗의 포장을 치되 그 기둥이 스물이며 그 기둥 의 받침 스물은 놋으로 하고 그 기둥의 갈고리와 가름대는 은으로 할지며 뜰의 옆 곧 서쪽에 너비 쉰 규빗의 포장을 치되 그 기둥이 열이요 받침이 열 이며 동쪽을 향하여 뜰 동쪽의 너비도 쉰 규빗이 될지며 문 이쪽을 위하여 포장이 열다섯 규빗이며 그 기둥이 셋이요 받침이 셋이요 문 저쪽을 위하여 도 포장이 열다섯 규빗이며 그 기둥이 셋이요 받침이 셋이며 뜰 문을 위하 여는 청색 자색 홍색 실과 가늘게 꼰 베실로 수놓아 짠 스무 규빗의 휘장이 있게 할지니 그 기둥이 넷이요 받침이 넷이며 뜰 주위 모든 기둥의 가름대 와 갈고리는 은이요 그 받침은 놋이며 뜰의 길이는 백 규빗이요 너비는 쉰 규빗이요 세마포 휘장의 높이는 다섯 규빗이요 그 받침은 놋이며 성막에서 쓰는 모든 기구와 그 말뚝과 뜰의 포장 말뚝을 다 놋으로 할지니라

　누군가 멀리서 성막을 보면 울타리가 보일 것이다. 길이가 백 규빗(45.6m), 폭이 오십 규빗(22.8m), 높이가 오 규빗(2.28m)인 하얀 세마포 휘장이 내부를 가리고 있다. 밖에서는 내부가 보이지 않는다.

　세상에서 말하는 예수님이 그렇다. 밖에서는 하얀 세마포 휘장만 보이는 것처럼 세상 사람들의 시선으로는 예수님의 인격적인 우월성만 보인다. 불신자라고 해도 예수님을 악평하지는 않는다. 세상에서도 예수님을 성인으로 인정한다. 역사적으로 손을 꼽을 만큼 훌륭한 사람이라는 것이다. 과연 그럴까?

　어떤 사람이 있다. 스스로 하나님의 아들이라고 한다. 자기한테 사람들의 죄를 용서할 수 있는 권한이 있다고 한다. 자기가 전부터 항상 존재했다고 하고, 다시 와서 세상을 심판할 것이라고 한다.

　그런 말을 하는 사람이 있다면 일단 훌륭한 사람은 아닐 것이다. 아무리 훌륭해도 그런 말을 할 수는 없다. 정말로 하나님의 아들이든지, 아니면 정신병자여야 한다. 혹은 사기꾼일 수도 있다.

　우리는 예수님을 따를 수도 있고, 손가락질을 하며 떠날 수도 있다. 어떻게 하면 안 되는가 하면, 자기 인생은 그대로 살면서 적당한 가르침만 구하면 안 된다. 예수님은 모, 아니면 도여야 한다. 성경은 부자 청년을 통해서 그런 사실을 교훈한다. 하지만 교회 밖에서는 이런 내용을 모른다. 부자 청년이 예수님을 선한 선생님이라고 부른 것처럼 고작해야 훌륭한 선각자 중 한 사람으로 치부한다.

첨언하면, 부자 청년은 재물 욕심 때문에 예수님을 따르지 못한 사람이 아니다. 부자 청년은 이를테면 예수님께 처방전을 구하러 온 사람이다. 예수님께는 원 포인트 레슨만 받고 자기 인생은 자기가 알아서 살려고 했다. 거기에 반해서 예수님은 주치의가 되어서 하루 스물네 시간 같이 있겠다고 하셨다. 부자 청년은 그 제안을 받아들일 수 없었다.

예수님의 참된 모습을 알려면 성막 안으로 들어와야 한다. 요즘말로 하면 교회 안으로 들어와야 한다. 일단 안으로 들어와야 예수님의 참된 모습을 볼 수 있다. 예수님의 참된 사역을 알 수 있고, 예수님이 주시는 참된 평안을 누릴 수 있다.

신자와 불신자의 차이가 여기에 있다. 누군가 "하나님 있으면 보여 봐!"라고 할 수 있다. 마치 성막 안으로 들어오지는 않으면서 그 안에 뭐가 있는지 보여 달라는 격이다. 성막 밖에서는 아무것도 보이지 않는다. 일찍이 C. S. 루이스가 한 말이 있다. "나는 태양이 떠오르는 것을 믿는 것처럼 하나님을 믿습니다. 태양이 떠오른 것을 내가 볼 수 있기 때문만이 아니라 그것이 떠올랐기 때문에 다른 모든 것들을 볼 수 있기 때문입니다." 성막에 들어오면 그 안에 있는 것만 볼 수 있는 것이 아니다. 그 안에 있는 것을 보면 우리가 세상을 어떻게 살아야 하는지도 보인다.

그런데 하나님께서 지성소에 거하시기 위해서 굳이 울타리가 필요했을까? 성막 뜰에는 번제단과 물두멍이 있다. 또 성소가 있는데 휘장으로 가린 성소 뒤편을 지성소라고 한다. 성막의 존재 이유는 앞에서 살펴보았던 것처럼 "내가 너희 중에 거할 성소"였다. 울타리가 없어도 하나님의 임재를 나타낼 수 있다.

하나님의 임재를 상징하는 것은 언약궤다. 덩그러니 언약궤만 있는 것이 아쉬우면 지성소를 만들거나 혹은 성소까지 만들면 된다. 그런데 굳이 울타리를 둘러서 "여기서부터 성막이다"라는 경계를 정했다. 하나님께서 우리와 함께 거하시기 위해서 울타리가 필요했던 것이 아니라 우리에게 세상과의 단절을 요구하신 것이다. 바울이 갈라디아교회에 편지를 쓰면서 "그러나 내게는 우리 주 예수 그리스도의 십자가 외에 결코 자랑할 것이 없으니 그리스도로 말미암아 세상이 나를 대하여 십자가에 못 박히고 내가 또한 세상을 대하여 그러하니라"라고 한 그대로다.

바울쯤 되니까 그렇지, 누가 그런 말을 할 수 있겠느냐고 하지 말자. 갈라디아서는 율법과 복음의 관계를 설명한 책이다. 혹시 율법으로 구원 얻은 사람이 있다면 그 사람은 예수 그리스도의 십자가 외에도 자랑할 것이 있을 수 있다. 복음으로 구원 얻은 사람은 다르다. 예수 그리스도의 십자가 외에는 결코 자랑할 것이 없다. 그런 사람은 세상이 그를 십자가에 못 박고 그도 또한 세상을 그렇게 하기 마련이다. 아주 특출한 신앙 엘리트가 그렇다는 것이 아니라 복음으로 구원 얻은 사람은 누구나 그렇다.

미켈란젤로 메리시라는 이탈리아 화가가 있다. 르네상스 3대 거장 중 한 명인 미켈란젤로와 동명이인이다. 그 미켈란젤로 때문에 본명보다 출신지에서 따온 카라바조라는 이명으로 더 잘 알려졌다. 그가 그린 〈성 마태오의 소명〉이라는 작품이 있다. 예수님이 세리 마태를 부르시는 장면을 그린 그림이다.

마 9:9에 "예수께서 그곳을 떠나 지나가시다가 마태라 하는 사람이 세관에 앉아 있는 것을 보시고 이르시되 나를 따르라 하시니 일어나 따르니라"라고 되어 있다. 예수님이 마태를 부를 적에 마태는 가버나움의 세관에 앉아 있었다. 그런데 카라바조는 마태가 도박판에 앉아 있는 것으로 그렸다. 그 그림에 따르면 마태는 주후 1세기에 가버나움의 세관에 앉아 있다가 예수님의 부름을 받은 사람이 아니라 카라바조가 살던 시대에 이탈리아의 도박판에 앉아 있다가 부름받은 사람이다.

마태가 언제 어디에서 무엇을 하다가 부름받았는지가 중요한 것이 아니다. 그렇게 해서 전혀 다른 삶을 살았다는 사실이 중요하다. 이전의 삶과 단절되었다. 카라바조의 그림에는 마태 외에 다른 사람들도 있는데, 그들은 여전히 도박판에 앉아 있다. 마태가 그들과 관계가 없는 것처럼 그들 역시 마태의 삶을 모른다.

이것을 나타내는 것이 울타리다. 하나님은 이 세상에 대해서 가려졌고 이 세상 역시 하나님에 대해서 가려졌다. 오직 우리만 하나님을 안다. 울타리 없이 언약궤만 있어도 하나님의 임재를 나타낼 수 있지만 굳이 울타리를 만들게 하신 이유가 그렇다. 신자와 불신자의 경계를 선포하신 것이다. 하나님은 신자인지 불신자인지 구별이 모호한 사람을 인정하지 않으신다. 언제나 명쾌한 기준을 제시하시고 명쾌한 반응을 요구하신다.

이렇게 울타리를 기준으로 성막이 만들어지는데, 이 사실은 우리에게 몇 가지를 시사한다.

우선 울타리를 기준으로 거룩이 구별된다. 흔히 주일을 성일이라고 한다. 특정한 날을 다른 날과 구별한 것이다. 마찬가지로 물건을 구별하면 성물이 되고, 사람을 구별하면 성도가 되고, 장소를 구별하면 성소가 된다.

이 울타리로 울타리 안과 밖이 나뉜다. 우리는 울타리를 기준으로 안에 있을 것인지, 밖에 있을 것인지 결정해야 한다. 하나님과 함께 살 것인지, 세상에 속할 것인지 태도를 분명히 해야 한다.

발람은 재물을 탐해서 이스라엘을 저주하려다 실패한 사람이다. 그런 그도 의인의 죽음을 죽기를 원했다[4]. 의인으로 살기에는 게을러도 의인으로 인정은 받고 싶었다. 선해지려는 의지는 겨자씨만큼도 없으면서 선하게 보이려는 욕구는 충만한 사람이 그 옛날 발람 한 사람뿐이었으면 좋겠다.

언젠가 보리굴비를 먹다가 씁쓸한 상상을 한 적이 있다. 본래 보리굴비는 조기로 만들지만 요즘은 조기가 워낙 비싸다 보니 부세로 만든다. 살아 있을 때는 부세였는데 죽어서 조기로 대접받는 셈이다. 불현듯 신자들의 요망 사항일 수 있겠다는 생각이 들었다. 세상에서는 에서로 살고, 죽어서는 야곱으로 대접받으면 꿩도 먹고 알도 먹는 격일까?

또 울타리는 보호를 나타낸다. 울타리 안에 있으면 하나님의 보호를 받지만 밖에 있으면 하나님의 보호를 받지 못한다. 성경에서 하나님의 보호를 가장 잘 보여주는 것이 노아의 방주다. 홍수에서 살아남느냐, 멸망하느냐의 기준이 방주 안에 있느냐, 밖에 있느냐 하는 한 가지였다.

노아 시대에 남들 보기에 착하게 산 사람이 한 사람도 없었을까? 옆집에 가난한 사람 있으면 도와주고, 고아나 과부가 있으면 가루 한 움큼을 나눠준 사람이 정말 없었을까? 없었을 수도 있지만 있었다고 해도 달라지는 것은 없다. 셈이나 함, 야벳의 친구가 놀러 왔다가 방주 만드는 것을 도와주었을 수도 있지만 그 역시 고려 대상이 되지 않는다. 방주 안

---

4   야곱의 티끌을 누가 능히 세며 이스라엘 사분의 일을 누가 능히 셀고 나는 의인의 죽음을 죽기 원하며 나의 종말이 그와 같기를 바라노라(민 23:10)

에 있느냐, 밖에 있느냐만 따진다. 이처럼 성막의 울타리가 보호를 나타낸다.

그다음 또 하나는 하나님의 소유를 나타낸다. 울타리 안에 있으면 하나님의 소유이고 울타리밖에 있으면 하나님의 소유가 아니다. 그러면 천생 마귀의 소유다. 사람은 자기 스스로 자기의 주인이 될 수 없다.

C. S. 루이스가 쓴 〈스크루테이프의 편지〉에서 스크루테이프가 말한다. "인간들은 노상 자기가 주인이라고 주장하는데 천국에서 듣든지 지옥에서 듣든지 우습기 짝이 없는 소리다. 인간이 그런 우스운 소리를 계속 떠들게 하는 것이 우리 일이다." 자기가 자기의 주인이 될 수는 없다. 자기가 자기의 주인인 줄 아는 사람은 천국에서 보기에만 우스운 것이 아니라 지옥에서 보기에도 우습다고 한다. 그 사람의 주인은 사탄이기 때문이다. 이것을 보여주는 것이 울타리다.

이런 울타리의 받침은 놋으로 되어 있는데, 성경에서 놋은 주로 심판을 나타낸다(레 26:19, 신 28:23). 거룩하지 않은 사람, 하나님의 보호를 받지 못하는 사람, 하나님의 소유가 아닌 사람은 심판을 받을 수밖에 없다. 심판과 구원은 동전의 양면과 같다. 성경에서 구원을 말하는 이유는 심판이 있기 때문이다. 심판이 없으면 구원도 의미가 없다.

이 세상을 살다 죽는 것으로 존재가 소멸되어 모든 것이 끝나면 이런 얘기는 공허한 타령일 뿐이다. 하지만 아담, 하와 이래 이 세상에 잠깐이라도 살았던 사람 중에 존재가 소멸된 사람은 아무도 없다. 그들 모두가 지금도 어딘가에 존재한다.

울타리 정면에는 문이 있다. 성막에는 문이 세 번 나온다. 표현은 문이라고 하지만 실상은 전부 휘장이다. 성막 뜰로 들어가는 출입문과 성소 앞에 있는 휘장, 그다음에 성소와 지성소를 구분하는 휘장이다. 특별히 성막 뜰로 들어가는 문은 동쪽에 하나만 만들었다.

이스라엘은 언제나 성막을 중심으로 생활했다. 광야를 행진할 때도 성막을 중심으로 행진했고, 진을 칠 때도 성막을 중심으로 동서남북에 세 지파씩 진을 쳤다. 얼핏 보면 이스라엘이 성막을 지키는 것처럼 보이겠지만 과연 그럴까?

하나님께서 노아한테 방주를 만들라고 하셨다. 그다음에 어떻게 되었을까? 노아가 하나님 말씀을 지켰을까, 하나님 말씀이 노아를 지켰을까?

이스라엘 어느 한 지파가 자리를 이탈하면 성막이 보호를 받지 못하는 것이 아니라 그 지파가 성막에서 멀어지게 된다. 요컨대 성막에서 흘러나오는 은혜가 이스라엘을 지킨 것이다. 사람들은 흔히 신앙을 지킨다는 표현을 쓰지만 자기 인생을 뒤돌아보면 자기가 신앙을 지킨 것이 아니라 신앙이 자기를 지켰음을 누구나 인정할 것이다. 반대의 경우도 성립한다. 우리가 신앙을 지키지 않으면, 신앙 또한 우리를 지킬 수 없게 된다.

당시 이스라엘은 스무 살 넘는 남자만 60만 3,550명이었다. 4인 가족을 기준으로 하면 240만 명이 넘고, 5인 가족을 기준으로 하면 300만 명이 넘는다. 그런 엄청난 인원이 진을 치려면 숫자를 헤아릴 수 없을 만큼 많은 천막이 필요했을 것이다. 그 중심에 성막이 있었다.

그러면 문을 동쪽에 하나만 만들 게 아니고 동서남북 사방에 만들어야 편하지 않을까? 그런데도 하나만 만들었다. 문득 생각나는 말씀이 있다.

다른 이로써는 구원을 받을 수 없나니 천하 사람 중에 구원을 받을 만한

다른 이름을 우리에게 주신 일이 없음이라 하였더라(행 4:12)

모로 가도 서울만 가면 된다고 한다. "산에 올라가는 길이 왜 하나뿐이 겠느냐? A코스로 가든지 B코스로 가든지 산꼭대기에만 올라가면 되는 것 아니냐?"라는 말을 한두 번 들은 것이 아니다. 이 세상에서는 그런 말 이 통한다. 그런데 신이 산 정상에 가만히 계시지 않고 중간으로 마중 나 오면 어떻게 될까? 그 길이 아니면 만날 수 없다. "내가 곧 길이요 진리요 생명이니 나로 말미암지 않고는 아버지께로 올 자가 없느니라(요 14:6)" 라는 말씀 그대로다.

"왜 꼭 예수를 믿어야 하느냐? 다른 종교에는 구원이 없고 기독교에만 구원이 있다고 하는 것은 너무 독선적이다."라는 말도 여러 번 들었다. 하지만 어쩌겠는가? 세상을 만드신 분이 하나님이다. 구원의 도리는 사 람들이 정하는 것이 아니라 하나님께서 정하신다. 정답은 정답이 아닌 것을 오답으로 정죄하는 기능이 있다. 8 더하기 8은 16인데, "왜 16만 정 답이라고 하느냐? 15나 17도 정답이라고 하자."라고 우겨봐야 소용없다.

내가 진실로 진실로 너희에게 이르노니 문을 통하여 양의 우리에 들어가

지 아니하고 다른 데로 넘어가는 자는 절도며 강도요 문으로 들어가는

이는 양의 목자라(요 10:1-2)

예수님을 통하지 않고 다른 방법으로 구원에 이르려는 사람은 자기 생 각으로는 합리적일지 몰라도 하나님 보시기에는 절도 아니면 강도라고

한다. 집에서도 부모와 아이의 생각이 다르면 부모 생각이 옳다. 아이는 자기가 모르는 것을 부모가 안다는 사실을 모른다. 자기가 아는 것이 전부인 줄 알고 세대차이라고 우기는 것이다. 하나님과 우리 사이에는 오죽할까?

이런 문은 크기가 특이하다. 성막 동쪽 울타리가 오십 규빗인데, 그중에 이십 규빗이 문이다. 전체의 40%에 해당한다. 상당히 넓다. 누구든지 원하기만 하면 들어갈 수 있다.

예수님은 모든 사람에게 개방되어 있다. 예수님을 구주로 고백하는 것이 힘들어서 고백하지 못하는 경우는 없다. 예수님을 구주로 고백하기 위해서 하늘에 가서 예수님을 모셔 와야 하는 것도 아니고, 바다를 건너가서 예수님을 모셔 와야 하는 것도 아니다.

그렇다고 해서 그 문이 늘 열린 상태로 있는 것은 아니다. 언젠가 닫힌다. 노아의 방주가 그랬다. 일단 닫히면 그것으로 끝이다. 두 번 다시 열리지 않는다. 안으로 들어갈 것인지, 말 것인지 지금 결정해야 한다. 시간이 마냥 주어진 것이 아니다. 부자 청년이 예수님을 따라갈 것인지 말 것인지 고민한 시간도 그리 길지 않았을 것이다.

그 문을 구체적으로 살펴보자.

03

문

◆

출 27:16) 뜰 문을 위하여는 청색 자색 홍색 실과 가늘게 꼰 베실로 수놓아
짠 스무 규빗의 휘장이 있게 할지니 그 기둥이 넷이요 받침이 넷이며

예수님이 "내가 문이니 누구든지 나로 말미암아 들어가면 구원을 받
고 또는 들어가며 나오며 꼴을 얻으리라(요 10:9)"라고 했다. "내가 문이
니…"를 영어로 하면 어떻게 될까? I am a gate라고 하면 될 것 같은데 I
am the gate가 정답이다. 우리말로 옮기면 "내가 그 문이니…"이다.

예수님께서 말씀하신 문은 양 우리에 있는 문인데, 그 문에서 성막에
있는 문을 연상하는 것은 지나친 비약일까?

나중에 살펴보겠지만 울타리 동편에 있는 문과 성소의 문 역할을 하는
휘장, 성소와 지성소를 구분하는 휘장에는 공통점이 있다. 전부 청색 자
색 홍색 실과 가늘게 꼰 베실(흰색)로 수놓아서 만들었다. 성소와 지성소

를 구분하는 휘장은 예수님이 십자가에 달려 돌아가실 적에 위에서 아래로 찢어졌는데 히브리서 기자는 그 휘장이 예수님의 육체라고 했다[5]. 그러면 다른 문에도 예수님을 보여주는 요소가 있지 않을까?

중학생 시절, 우리 민족은 평화를 사랑하는 백의민족이라고 배웠다. 다른 나라의 침략을 받을지언정 먼저 침략한 적은 없다고 했다. 그러면 대제국을 건설한 광개토태왕의 업적은 어떻게 되는 것일까? 우리나라 역사상 가장 넓은 영토를 다스렸던 발해는 죄다 임자 없는 땅을 차지했던 것일까? 흰옷을 즐겨 입은 것도 그렇다. 평화를 사랑하기 때문이 아니라 염색 기술이 발달하지 못한 탓이었다. 창세기에 야곱이 요셉을 여러 아들보다 더 사랑해서 채색 옷을 입혔다는 내용이 나온다. 당시는 염색 기술이 발달하지 않은 때라서 채색 옷은 아무나 입을 수 없었다. 그만큼 고가였다. 그런데 성막 문은 청색 자색 홍색 실과 가늘게 꼰 베실(흰색)로 수를 놓아서 만들었다.

바울이 빌립보에서 자색 옷감 장사 루디아를 만난다. 당시 자색은 상당히 고가였다는 말을 들은 적이 있을 것이다. 고대의 자색 염료는 같은 무게의 금보다 비쌌다. 약 1만 개의 뿔고둥을 벗겨야 자색 염료 1g를 얻을 수 있었다. 중세까지도 자색을 추기경의 색이라고 했다. 두로와 시돈에서 발달한 염료 산업이 비잔틴제국까지는 이어졌는데, 워낙 보안을 철저하게 하는 바람에 주후 1453년에 비잔틴제국이 멸망하면서 자색 염료 생산법도 사장되고 말았다. 그 여파로 추기경의 색이 붉은색으로 바뀌게 된다. 중세까지만 해도 어지간한 사람은 붉은색 재킷을 입어보는 것이 소원일 정도였다. 여기서 중요한 사람을 예우하는 레드카펫이 유

---

5   그 길은 우리를 위하여 휘장 가운데로 열어 놓으신 새로운 살 길이요 휘장은 곧 그의 육체니라 (히 10:20)

래했다. 그러면 붉은색 염료도 자색보다 덜하기는 해도 상당한 고가였음을 짐작할 수 있다. 게다가 청색은 자색보다 더 고가였다.

출입문

단지 보기에 좋게 꾸미느라고 이런 색상을 동원했을 리는 만무하다. 이 네 가지 색을 통해서 나타내고자 하는 바가 있었을 것이다. 게다가 성막이 그리스도의 사역을 보여준다면 네 가지 색깔도 그리스도와 연결하는 것이 합리적인 추론일 것이다.

성경에는 네 가지 복음서가 있다. 전부 예수님의 행적을 다루는데, 관점이 조금씩 다르다.

> 그 얼굴들의 모양은 넷의 앞은 사람의 얼굴이요 넷의 오른쪽은 사자의
> 얼굴이요 넷의 왼쪽은 소의 얼굴이요 넷의 뒤는 독수리의 얼굴이니(겔
> 1:10)

에스겔이 환상 중에 어떤 생물을 보았다. 그 생물의 모습이 사람의 얼

굴도 있고, 사자의 얼굴도 있고, 소의 얼굴도 있고, 독수리의 얼굴도 있었다. 비슷한 내용이 요한계시록에도 나온다. 요한이 환상 중에 네 생물을 보았는데 첫째 생물은 사자 같고, 둘째 생물은 송아지 같고, 셋째 생물은 사람 같고, 넷째 생물은 독수리 같았다[6]. 에스겔의 환상에는 한 생물 얼굴의 전후좌우가 사람, 사자, 소, 독수리였는데 요한계시록에 등장하는 생물은 각각 사자, 송아지, 사람, 독수리 같았다. 어쨌든 사자, 송아지, 사람, 독수리가 등장하는 것은 똑같다.

초대교회 때부터 네 복음서에는 별명이 있었다. 마태복음은 사자복음, 마가복음은 송아지복음, 누가복음은 인자복음, 요한복음은 독수리복음이다.

마태복음의 수신자는 유대인이다. 마태복음에는 구약을 인용한 내용이 유난히 많다. "기록되었으되", "이루어졌느니라" 같은 표현들이 그렇다. 수신자가 구약을 알고 있음을 전제로 한다. 또 주제가 "왕으로 오신 예수"다. 일단 "아브라함과 다윗의 자손 예수 그리스도의 계보라"로 시작한다. 동방박사들이 찾아와서 "유대인의 왕으로 나신 이가 어디 계시냐"라고 묻는다. 사자복음이라는 별명 그대로다. 사자는 백수의 왕이다.

마가복음은 "종으로 오신 예수"를 보여준다. 별명이 송아지복음이다. 마가복음에서 예수님은 굉장히 바쁘게 움직인다. 식사할 겨를도 없고 잠잘 틈도 없다. 1장부터 병자를 고치고 귀신을 쫓아낸다. 또 수신자가 로마 사람들이다. 그래서 "달리다굼 하시니 번역하면 곧 내가 네게 말하노니 소녀야 일어나라 하심이라", "에바다 하시니 이는 열리라는 뜻이라"처럼 로마 사람들이 못 알아듣는 말이 나오면 그 뜻을 설명해준다.

---

6   그 첫째 생물은 사자 같고 그 둘째 생물은 송아지 같고 그 셋째 생물은 얼굴이 사람 같고 그 넷째 생물은 날아가는 독수리 같은데(계 4:7)

누가복음은 인자복음이다. "완전한 사람으로 오신 예수"가 그 주제다. 소외된 자, 잃어버린 자에 대한 관심이 많다. 나인성 과부의 아들을 살린 얘기, 삭개오의 회심, 탕자의 비유 등이 전부 누가복음에 나온다.

요한복음은 "하나님의 아들 예수"를 보여준다. 독수리복음이다. "태초에 말씀이 계시니라 이 말씀이 하나님과 함께 계셨으니 이 말씀은 곧 하나님이시니라"로 시작한다. 스케일이 사뭇 광대하다. 수신자가 세계 모든 사람이다.

예수님의 족보가 나오는 복음이 무슨 복음일까? 각 복음서의 주제를 생각해보면 된다. 마태복음은 왕으로 오신 예수, 마가복음은 종으로 오신 예수, 누가복음은 사람으로 오신 예수, 요한복음은 하나님의 아들 예수를 보여준다. 예수님의 족보는 마태복음과 누가복음에 나온다. 왕한테는 족보가 중요하고, 사람한테도 족보가 필요하다. 하지만 종한테는 족보가 필요 없다. 종은 일만 잘하면 된다. 또 하나님의 아들은 어떤가? 하나님의 아들한테 족보가 필요하다면 난센스다. 이렇게 마태복음, 마가복음, 누가복음, 요한복음이 조금씩 다르다.

각 복음서를 시작하는 내용도 그렇다. 마태복음은 "아브라함과 다윗의 자손 예수 그리스도의 계보라"로 시작해서 "아브라함이 이삭을 낳고 이삭은 야곱을 낳고 야곱은 유다와 그의 형제들을 낳고 유다는 다말에게서 베레스와 세라를 낳고 베레스는 헤스론을 낳고 헤스론은 람을 낳고…"로 이어진다. 왕으로 오신 예수를 소개해서 그렇다. 혈통을 얘기할 필요가 있었던 것이다.

마가복음은 종으로 오신 예수를 얘기하고 있으니까 아예 서론이 없다. 시작부터 일하는 모습이 나온다. "하나님의 아들 예수 그리스도의

복음의 시작이라"라는 말로 1장 1절을 시작하고는 곧바로 병자를 고치고 귀신을 쫓아낸다. 마가복음에 가장 자주 나오는 단어가 '곧'과 '즉시'다. 쉴 겨를이 없다.

누가복음은 "우리 중에 이루어진 사실에 대하여 처음부터 목격자와 말씀의 일꾼 된 자들이 전하여 준 그대로 내력을 저술하려고 붓을 든 사람이 많은지라 그 모든 일을 근원부터 자세히 미루어 살핀 나도 데오빌로 각하에게 차례대로 써 보내는 것이 좋은 줄 알았노니 이는 각하가 알고 있는 바를 더 확실하게 하려 함이로라"로 시작한다. 굉장히 조리 있다. 대상이 헬라 사람들인데 그들은 이성을 중시하기 때문이다. 또 사람으로 오신 예수를 설명하려니 이렇게 논리적으로 쓰는 것이 필요했을 것이다.

요한복음은 하나님의 아들로 오신 예수를 설명해야 하니까 스케일이 다르다. "태초에 말씀이 계시니라 이 말씀이 하나님과 함께 계셨으니 이 말씀은 곧 하나님이시니라 그가 태초에 하나님과 함께 계셨고 만물이 그로 말미암아 지은 바 되었으니 지은 것이 하나도 그가 없이는 된 것이 없느니라"로 시작한다. 요한복음에 가장 많이 나오는 단어가 '진리', '생명', '빛', '영생'이다. 다른 복음서에서는 보기 힘든 단어들이다.

이 모든 내용은 빌립보서에서도 엿볼 수 있다.

너희 안에 이 마음을 품으라 곧 그리스도 예수의 마음이니 그는 근본 하나님의 본체시나 하나님과 동등됨을 취할 것으로 여기지 아니하시고 오히려 자기를 비워 종의 형체를 가지사 사람들과 같이 되셨고 사람의 모양으로 나타나사 자기를 낮추시고 죽기까지 복종하셨으니 곧 십자가에 죽으심이라 이러므로 하나님이 그를 지극히 높여 모든 이름 위에 뛰어난 이름을 주사 하늘에 있는 자들과 땅에 있는 자들과 땅 아래에 있는 자들로 모든 무릎을 예수의 이름에 꿇게 하시고 모든 입으로 예수 그리스도를 주라 시인하여 하나님 아버지께 영광을 돌리게 하셨느니라(빌 2:5-11)

"너희 안에 이 마음을 품으라 곧 그리스도 예수의 마음이니 그는 근본 하나님의 본체시나…"라고 했다. 하나님의 아들 예수를 말한다. 또 "하나님과 동등됨을 취할 것으로 여기지 아니하시고 오히려 자기를 비워 종의 형체를 가지사…"라고 했으니까 종으로 오신 예수를 보여준다. "사람의 모양으로 나타나사 자기를 낮추시고 죽기까지 복종하셨으니 곧 십자가에 죽으심이라"는 완전한 사람으로 오신 예수를 말한다. 그리고 "이러므로 하나님이 그를 지극히 높여 모든 이름 위에 뛰어난 이름을 주사 하늘에 있는 자들과 땅에 있는 자들과 땅 아래에 있는 자들로 모든 무릎을 예수의 이름에 꿇게 하시고…"는 왕으로 오신 예수를 말한다.

이 모든 내용을 청색, 자색, 홍색, 흰색의 네 가지 색깔과 연결할 수 있다. 청색은 하늘색이다. 하나님의 아들 예수를 상징한다. 자색은 왕으로 오신 예수다. 옛날 왕복이 자색이었다. 홍색은 피를 상징한다. 종으로 오신 예수다. 그리고 흰색은 완전한 사람으로 오신 예수다.

흔히 성경은 성경으로 해석해야 한다고 한다. "A는 B이다"라고 하려면 그렇게 말할 수 있는 근거가 성경에 있어야 한다. 성경보다 더 권위 있는 것은 없기 때문이다. 그렇다고 해서 성경이 아닌 다른 것은 일체 개입하면 안 된다는 뜻이 아니다. 모든 성경 구절을 성경으로 해석하는 것은 가능하지도 않다. 웨슬리안 사변형이라는 말이 있다. 성경, 경험, 전통, 이

성의 네 가지가 성경 해석의 기본 틀이라는 것이다. 물론 최종 권위는 성경에 있다.

누군가 "청색이 하늘색이라고 해서 하나님의 아들을 상징한다고 하는 것은 억지 아닙니까?"라고 하면 사실 할 말이 없다. 이런 해석은 그리 바람직하지 않다. 그래도 별 도리가 없다. 이렇게라도 안 하면 해석할 재간이 없기 때문이다. 앞에서 살펴본 것처럼 염색에는 상당한 비용이 들어간다. 아무 의미 없이 이런 색깔을 동원했을 리는 없다. 무엇보다 성막이 그리스도의 사역을 보여주는데, 네 가지 색깔이 그리스도와 연결되지 않는다면 그것도 어색한 일이다.

04

번제단

◆

출27:1-8〉 너는 조각목으로 길이가 다섯 규빗, 너비가 다섯 규빗의 제단을 만들되 네모반듯하게 하며 높이는 삼 규빗으로 하고 그 네 모퉁이 위에 뿔을 만들되 그 뿔이 그것에 이어지게 하고 그 제단을 놋으로 싸고 재를 담는 통과 부삽과 대야와 고기 갈고리와 불 옮기는 그릇을 만들되 제단의 그릇을 다 놋으로 만들지며 제단을 위하여 놋으로 그물을 만들고 그 위 네 모퉁이에 놋 고리 넷을 만들고 그물은 제단 주위 가장자리 아래 곧 제단 절반에 오르게 할지며 또 그 제단을 위하여 채를 만들되 조각목으로 만들고 놋으로 쌀지며 제단 양쪽 고리에 그 채를 꿰어 제단을 메게 할지며 제단은 널판으로 속이 비게 만들되 산에서 네게 보인 대로 그들이 만들게 하라

무려 20규빗(912cm)이나 되는 넓은 문으로 들어가면 가장 먼저 눈에 띄는 것이 번제단이다. 신약적인 의미로는 그리스도의 십자가를 예표한

다. 예수님이 우리 대신 십자가에 달려 죗값을 치른 것처럼 사람 대신 제물이 불타는 것이다. 번제단을 통과하지 않으면 더 이상 나아갈 수 없다. 하나님께 나아가려면 반드시 그리스도의 대속 사역을 힘입어야 한다.

> 율법을 따라 거의 모든 물건이 피로써 정결하게 되나니 피 흘림이 없은
> 즉 사함이 없느니라(히 9:22)

세상에서는 피를 흘린다는 얘기가 처절함을 비유하지만 성경에서는 죽음을 말한다. 죄가 있으면 그에 대한 보응은 죽는 것이다. 죄의 삯은 사망이다. 죗값은 죽음으로만 치를 수 있다.

어떤 사람이 제물로 쓸 양을 끌고 왔다고 하자. 우선 제사장이 제물을 검사할 것이다. 제물에는 흠이 없어야 하기 때문이다.

제사장이 제물로 쓰기에 합당하다고 판정하면 그 사람으로 하여금 그 양의 머리에 손을 얹고 안수하게 한다. 안수 주체에게 있던 것을 안수 대상에게 넘겨주는 것이다. 즉 그 사람의 죄를 양에게 전가하는 것이다. 그다음에 양을 죽여서 가죽을 벗기고 각을 뜨게 한다.

그 사람이 양을 죽일 때 어떤 심정이었을까? 가죽을 벗기고 각을 뜰 때는 어떤 심정이었을까? 아마 눈물, 콧물로 범벅이 되었을 것이다. 그 양이 자기 대신 죽은 것이다.

그런 절차가 끝나면 제사장이 제단 주변에 피를 뿌리고 제단에 불을 붙여서 제물을 불태운다. 양을 가지고 온 사람은 양이 불에 타는 것을 보면서, "아! 사실은 내가 죽어야 했는데 나 대신 저 양이 죽었구나", "지금 저 자리에서 불에 타야 할 것은 저 양이 아니고 나로구나" 하고 애통해

한다.

흥부가 놀부네 집에 양식을 얻으러 갔다가 형수한테 주걱으로 뺨만 얻어맞았다. 속절없이 돌아가다가 동네 부자 영감을 만났는데 수심이 가득해 보였다. 법을 어긴 일로 관가에 가서 매를 맞아야 한다는 것이었다. 그래서 흥부가 돈을 받고 대신 매를 맞는다. 그 부자 영감은 흥부를 통해서 법을 지킨 셈이다. 매는 흥부가 맞았지만 해결된 것은 부자 영감의 죄였다. 번제단에서 제물을 드리는 것이 그런 경우다. 짐승이 대신 죽어서 사람의 죄를 사함받는 것이다. 주님의 십자가 사역을 그대로 보여준다.

본래 일한 사람은 먹고 일하지 않은 사람은 안 먹는 것이 공평하다. 일은 안 하면서 먹는 사람 때문에 일만 하고 못 먹는 사람이 생긴다. 그래서 일은 안 하면서 먹는 사람의 것을 빼앗아 일만 하고 못 먹는 사람에게 주자는 것이 사회주의자들이 말하는 프롤레타리아혁명이다.

번제단

이 내용을 빌릴 수 있다. 의인은 자기 의로 살고 죄인은 자기 죄로 죽는 것이 이치에 맞다. 만일 죄인이 살려면 의인이 죽어야 한다. 의인이 죄인처럼 죽으면 죄인이 의인처럼 살 수 있다. 예수님이 십자가에 달리신 이유가 여기에 있다. 이런 예수님을 예표하려니 제물로 쓰일 짐승에는 흠이 없어야 했다.

출애굽기 다음에 레위기가 나온다. 레위기의 주제가 거룩이다. 애굽은 세상을 상징한다. 그런 애굽에서 나왔으면 거룩이 당면 과제다. 레위기에서 계속 제사 얘기가 나오는 이유가 그렇다. 왜곡된 하나님과의 관계를 바로잡는 제사로 거룩을 설명하는 것이다.

레위기를 읽다 보면 "…이는 화제라 여호와께 향기로운 냄새니라"라는 표현이 자주 나온다. 하나님은 성미도 이상하시다. 짐승이 불에 타는 냄새가 정말 향기로울까? 배가 고플 적에 돼지갈비 굽는 냄새는 향기로울지 몰라도 평소에는 머리칼 한 올만 불에 타도 냄새가 역겹다. 그런데 짐승이 불에 타는 냄새가 향기롭다고 한다. 우리가 죄를 회개하는 것을 하나님께서 그만큼 기뻐하신다는 뜻이다.

한 가지 알아야 할 사실이 있다. 제물을 드렸기 때문에 죄가 사해지는 것이 아니다. 죄를 사함받을 수 있는 근거가 제물에 있지 않고 하나님의 자비에 있다. 용서를 빈다고 해서 용서받을 자격이 생기는 것이 아니기 때문이다.

탕자의 비유를 조금 바꿔서 생각해 보자. 돼지가 먹는 쥐엄 열매조차 없어서 못 먹는 신세가 된 탕자가 집에 돌아온다. 아버지 발 앞에 엎드려서 손이 발이 되게 빌었는데도 아버지가 냉담하다. 그렇다고 해서 "제가 이렇게 잘못했다고 하는데 빨리 용서해주지 않고 뭐하십니까?"라고 할 수 있을까?

사죄 여부는 전적으로 하나님 소관이다. 단지 하나님의 자비하심으로 용서하시는 것이지, 우리가 제물을 드리면 하나님은 무조건 용서해주셔야 하는 것이 아니다.

사실 그렇다. 우리가 하나님께 드리는 제물이 뭐 그리 대단하겠는가?

자녀에게 선물 받는 경우를 생각해 보면 된다. 유치원에 다니는 아이가 어버이날에 카네이션을 만들어 왔다고 하자. 아이가 카네이션을 달아주면 무척 흐뭇할 것이다. 그 카네이션이 갖는 가치 때문이 아니다. 카네이션을 달아주는 아이가 예뻐서 그렇다. 다른 아이가 주는 것이라면 받을 이유가 없다.

우리와 하나님의 차이는 그 정도가 아니다. 우리가 어떤 제물을 드려도 그 제물로 하나님의 관심을 끌 수는 없다. 하나님은 제물을 받아서 우리를 용납하시는 것이 아니라 우리를 봐서 제물을 받아주신다.

예전에 어떤 청년으로부터 십일조를 할 수 있게 기도해달라는 말을 들은 적이 있다. 아직 백수여서 수입이 없으니 취직을 위해서 기도해 달라는 뜻이 아니었다. 십일조를 해야 하는 것은 아는데 막상 하려니 돈이 아깝다며, 십일조를 하는 것이 아깝지 않을 수 있게 기도해달라는 것이었다.

"네가 십일조를 하면 하나님이 그 돈을 받으실까, 네 마음을 받으실까?"

"제 마음이요."

"그걸 하나님께 만들어 달라고 하면 하나님은 무슨 재미로 하나님 하냐?"

하나님은 천천의 숫양이나 만만의 강물 같은 기름도 기뻐하지 않으신다. 하나님께서 원하시는 것은 오직 우리 자신이다.

성경에 나오는 제사 중에 가장 유명한 제사로는 가인과 아벨의 제사를 꼽을 수 있을 것이다. 하나님께서 가인의 제사는 받지 않으시고 아벨의 제사를 받으셨다. 이유가 무엇일까? 고 이어령 씨가 기독교 신앙을 고백하기 전에 쓴 책에서는 히브리인이 농경민족이 아닌 유목민족이기 때문에 그렇게 설정한 것이라고 했는데, 기독교 신앙을 고백한 다음에는 생각이 어떻게 바뀌었는지 모르겠다.

> 세월이 지난 후에 가인은 땅의 소산으로 제물을 삼아 여호와께 드렸고 아벨은 자기도 양의 첫 새끼와 그 기름으로 드렸더니 여호와께서 아벨과 그의 제물은 받으셨으나 가인과 그의 제물은 받지 아니하신지라 (창 4:3-5a)

하나님께서 아벨과 그의 제물은 열납하셨지만 가인과 그의 제물은 열납하지 않으셨다. 제물을 드린 사람과 제물이 묶여 있다. 하나님께서 아벨이 드린 제물을 받으신 것이 아니라 아벨을 같이 받으셨다. 마찬가지로 가인이 드린 제물을 받지 않으신 것이 아니라 가인을 같이 받지 않으셨다.

아벨은 피 있는 제사를 드렸고 가인은 피 없는 제사를 드렸기 때문이라는 말을 들은 적이 있는데, 동의가 되지 않는다. 제사 제도는 레위기에 나온다. 가인과 아벨이 제사를 드릴 때에는 제사 제도가 정립되기 전이었다. 게다가 모든 제사에 피가 요구되었던 것도 아니다. 곡식으로 제사를 드리는 소제도 있었다. 무엇보다도 하나님께는 제물이 문제가 아니라 사람이 문제다. 하나님께서는 가인이 양을 드리고 아벨이 곡식을 드렸어도 아벨의 제사를 열납하시고 가인의 제사는 거부하셨을 것이다.

아벨이 드린 것은 양이 아니라 양의 첫 새끼와 기름이었다. 양의 첫 새끼를 드렸다는 얘기는, 마치 첫 월급을 받고 부모님 선물을 떠올리는 것과 같다. 또 기름은 성경 여러 곳에서 가장 좋은 것을 뜻한다.

> 너희 아버지와 너희 가족을 이끌고 내게로 오라 내가 너희에게 애굽의
> 좋은 땅을 주리니 너희가 나라의 기름진 것을 먹으리라(창 45:18)

> 골수와 기름진 것을 먹음과 같이 나의 영혼이 만족할 것이라 나의 입이
> 기쁜 입술로 주를 찬송하되(시 63:5)

교회에 있으면 도와달라며 찾아오는 사람들이 있다. 매주 거의 일정하다. 아마 다니는 코스가 있을 것이다. 내가 정한 원칙은 노동 능력이 있어 보이면 천 원, 노동 능력이 없어 보이면 삼천 원이다. 깨끗한 돈을 골라서 드리지는 않는다. 그냥 드린다. 헌금은 그렇게 하지 않는다. 나한테 있는 지폐 중에서 가장 깨끗한 것을 고르는 정도가 아니라 신권을 따로 챙겨 둔다. 언젠가 신권을 준비하지 못했을 때는 깨끗한 돈을 골라서 물을 뿌린 다음 다리미로 다려서 헌금을 하기도 했다.

가인과 아벨의 차이가 여기에 있다. 가인은 자기가 수확한 것 중에서 아무 거나 집어서 하나님께 드렸고, 아벨은 자기한테 있는 것 중에 가장 좋은 것을 골라서 드렸다.

그러면 블레셋과의 싸움을 앞두고 제사를 지낸 사울은 어떻게 될까?

> 블레셋 사람들이 이스라엘과 싸우려고 모였는데 병거가 삼만이요 마병
> 이 육천 명이요 백성은 해변의 모래같이 많더라 그들이 올라와 벧아웬
> 동쪽 믹마스에 진 치매 이스라엘 사람들이 위급함을 보고 절박하여 굴과

수풀과 바위틈과 은밀한 곳과 웅덩이에 숨으며 어떤 히브리 사람들은 요단을 건너 갓과 길르앗 땅으로 가되 사울은 아직 길갈에 있고 그를 따른 모든 백성은 떨더라(삼상 13:5-7)

블레셋은 해양 민족이다. 블레셋의 주요 도시인 가드, 가사, 아스돗, 아스글론, 에그론이 전부 팔레스타인 서쪽 지중해 가까이에 있다. 그런 블레셋이 벧아웬 동쪽 믹마스에 진을 쳤다. 마치 고려 시대 왜구가 내륙 깊숙한 곳까지 들어온 형국이다. 그런 위기 상황에 사무엘은 소식이 없었다. 이스라엘의 사기가 말이 아니었다. 요단강 건너편으로 도망가는 사람도 있었다.

고심하던 사울이 자기가 직접 제사를 드렸다. 공교롭게도 제사를 마치자마자 사무엘이 왔다. 그러고는 사울을 책망했다. 왕이 망령되이 행했다고 하면서, 왕의 나라가 길지 못할 것이라고 했다.

제사장도 아니면서 제사를 지낸 것이 그렇게 큰 잘못일까? 하나님께서 구하시는 것은 상한 심령이라고 했는데 국가 위기 상황이면 그 정도는 봐줄 수 있지 않을까? 하나님께서 제사 제도를 제정하신 이유가 하나님의 권위를 위한 것이 아니라 우리의 유익을 위한 것인데, 왕이 제사장 직분을 대신한 것이 그렇게 큰 잘못일까?

다윗이 제사를 드렸으면 어떻게 되었을까? 혹시 하나님이 진노하시지 않았다면 사람을 편애하셔서 그럴까? 그보다 제사를 드린 동기가 달랐기 때문은 아닐까? 물이 수원지보다 높이 흐를 수 없는 것처럼 동기보다 중요한 것은 없다.

사무엘이 이르되 왕이 행하신 것이 무엇이냐 하니 사울이 이르되 백성은 내게서 흩어지고 당신은 정한 날 안에 오지 아니하고 블레셋 사람은 믹마스에 모였음을 내가 보았으므로 이에 내가 이르기를 블레셋 사람들이 나를 치러 길갈로 내려오겠거늘 내가 여호와께 은혜를 간구하지 못하였다 하고 부득이하여 번제를 드렸나이다 하니라(삼상 13:11-12)

사울이 범한 잘못은 제사장 직분을 침해한 것이 아니다. 사울은 신앙을 자기 필요에 갖다 붙인 사람이다. 사울이 생각하는 제사는 하나님을 의뢰하는 행위가 아니라 백성을 하나로 모으는 수단이었다. 하나님의 백성 된 모습을 회복하기 위해서 제사를 드린 것이 아니라 백성들의 임전태세를 가다듬기 위해서 제사를 이용했다.

신앙은 언제든지 우리가 지향하는 최고 가치여야 한다. 신앙을 발판으로 다른 것을 얻는 것이 아니다. 다른 것을 얻기 위한 수단으로 신앙 행위를 동원한다면 그것으로 이미 불신앙이다. 신앙은 삶의 원칙이고 목적이지, 수단이나 방법이 아니다.

히브리 사람들의 전설에 따르면 번제단의 불이 항상 수직으로 타올랐다고 한다. 바람이 없을 때 수직으로 타오른 것은 얘깃거리가 안 된다. 바람이 심할 때도 그랬다고 한다. 물론 '믿거나 말거나'인데, 불이 항상 수직으로 타올랐다는 말에서 '수직으로'는 무시하고 '타올랐다'에 주목해 보자. 불이 항상 타올랐다는 얘기는 그 불을 잠시도 꺼뜨리지 않고 간수했다는 뜻이다.

성막은 한곳에 고정된 것이 아니었다. 이스라엘의 광야 생활 내내 같

이 옮겨 다녔다. 경우에 따라서는 전쟁도 있었다. 그런 상황에서도 번제
단 불을 계속 간수했다.

그렇다고 해서 그것이 이스라엘에게 일방적으로 주어진 책임이 아니
다. 번제단 불이 꺼지지 않고 계속 타고 있었다는 얘기는 이스라엘의 죄
를 사하시기 위한 하나님의 은혜가 끊어지지 않았다는 뜻이다. 이 말을
뒤집으면 하나님께 해결받아야 하는 이스라엘의 죄도 끊임이 없었다는
뜻이 된다. 끊임없는 이스라엘의 죄를 하나님께서 끊임없이 받아주셨다.

또 번제단에서 드리는 제물은 흠이 없는 것이어야 했는데 살아 있는
것은 안 된다. 살아 있는 것을 죽여서 바쳤다. 아무리 흠이 없어도 살아
있는 동안에는 제물이 될 수 없다. 살아 있는 것을 끌고 와서 제단 앞에
서 죽여서 제물로 바쳤다.

> 그러므로 형제들아 내가 하나님의 모든 자비하심으로 너희를 권하노니
> 너희 몸을 하나님이 기뻐하시는 거룩한 산 제물로 드리라 이는 너희가
> 드릴 영적 예배니라(롬 12:1)

하나님께서 구약 시대에는 흠 없는 제물을 요구하셨다. 지금은 우리
를 제물로 요구하신다. 우리가 구약 시대에 태어났다면 흠 없는 제물을
고르는 것이 책임이었겠지만, 지금은 우리한테 흠이 없어야 한다. 우리
를 제물로 바치기 위해서 날마다 죽어야 한다. 지렁이가 꿈틀대는 것은
덜 죽었기 때문이라고 한다. 그런 일이 없도록 확실하게 죽어야 한다.
우리는 이 세상과 관계가 없는 사람들이다.

형제들아 내가 그리스도 예수 우리 주 안에서 가진바 너희에 대한 나의
자랑을 두고 단언하노니 나는 날마다 죽노라(고전 15:31)

신학생 시절에 은사에 대한 책을 읽은 적이 있다. 책 뒤에 권말 부록
으로 은사 테스트가 있었다. 나한테는 어떤 은사가 있는지 죽 훑어봤는
데 해당되는 은사가 하나도 없었다. 서운했다. 실망스러운 마음으로 책
을 덮으려는데 "이건 나도 할 수 있겠다" 싶은 것이 눈에 띄었다. 바로 순
교하는 것이었다. 다른 것은 못해도 그것은 할 수 있을 것 같았다. 주님
을 향한 나의 충정이 그만큼 뛰어나다는 얘기가 아니다. "에이, 쌩! 나 안
해! 배 째!" 하고 자빠져버리면 되겠다 싶어서 그런 것이었다. 모질게 마
음먹고 눈 질끈 감고 죽어버리면 그다음에는 열받을 일도 없고 자존심
상할 일도 없고 모든 것이 끝난다. 내가 보기에는 그게 제일 쉬울 것 같
았다. 편의점에 가면 새우에게도 깡이 있고 감자에게도 깡이 있던데 나
라고 그런 것이 없겠는가?

그런데 그게 아니다. "에이 쌩!" 하는 마음으로 한 번만 죽어버리면 되
는 것이 아니라 날마다 죽어야 한다. 지나간 것은 무효다. 오늘 다시 죽
어야 한다. "내가 지난번에도 참고 그때도 참았는데, 이번에는 못 참아!"
라는 말은 우리가 쓸 수 있는 말이 아니다. 지금까지 참은 것은 지나간
것이고 오늘 다시 참아야 한다.

손양원 목사는 아들을 죽인 원수를 용서하고 양자로 삼은 것으로 유명
하다. 오죽하면 별명이 사랑의 원자탄이다. 누군가 그것을 은사라고 하
는 말을 들은 적이 있다. 은사니까 가능하지, 맨정신으로는 불가능하다
는 것이었다.

손양원 목사가 동인, 동신 두 아들을 죽인 재선을 양자로 삼을 의향을 내비치자, 딸 동희가 펄쩍 뛰었다. 그러면 자기가 그 사람을 오빠라고 불러야 하는데, 그게 말이 되느냐고 했다. 당연한 항변이다. 그런 항변이 없으면 이상하다. 묵묵히 듣던 손양원 목사가 말했다. "나는 우상을 숭배하지 말라고 해서 일제 강점기 때 신사 참배를 안 했다. 이제 와서 원수를 사랑하지 않으면 신사 참배를 하지 않은 것이 아무 소용이 없는 것 아니냐?"

가다가 아니 가면 아니 감만 못하다는 말이 이보다 더 잘 어울리는 상황이 있을까? 지나간 것은 지나간 것이다. 제사는 한 번만 드리고 마는 것이 아니다. 날마다 새롭게 죽어야 하나님께서 기뻐하시는 산 제물이 될 수 있다. 그것이 하나님께서 원하시는 제사다.

각설하고, 번제단은 우리의 죄를 대속하신 예수님의 십자가 사역을 나타낸다. 제단에 놓인 제물이 십자가에 달리신 예수님을 보여준다. 번제단의 제물이 타서 재만 남은 것처럼 예수님께서 십자가에 달려 돌아가실 때 우리 죄도 깨끗하게 재로 변했다.

양이 전부 불에 타면 제사장이 재를 치우면서 말할 것이다. "다 끝났습니다. 이제 돌아가셔도 됩니다." 예수님이 십자가에서 "다 이루었다"라고 하신 말씀이 바로 그렇다. 우리는 더 이상 죄인이 아니다. 예수님의 십자가 사역으로 말미암아 의롭게 되었다.

하나님께서 무죄를 선포했는데 아니라고 우길 수 있는 존재는 없다. 우리의 '죄 없음'은 하나님께서 직접 인정하신 것이다. 하나님께서 편파적으로 일을 처리하신 것이 아니다. 세상 법정에서는 가끔 엉뚱한 판결이 내려지기도 하지만 하나님은 그렇지 않다.

만일 우리가 우리 죄를 자백하면 그는 미쁘시고 의로우사 우리 죄를 사

하시며 우리를 모든 불의에서 깨끗하게 하실 것이요(요일 1:9)

사극에서 죄인을 문초하는 장면을 본 적이 있을 것이다. 죄인은 무조건 잡아뗀다. "바른 대로 아뢰지 못할까?"라고, 아무리 으름장을 놓아도 모르는 일이라고 하고, 주리를 틀며 다그쳐도 억울하다고 항변한다. 그럴 수밖에 없다. 죄를 자백하면 그다음에 나올 말은 "그래, 거짓 없이 고했으니 이를 가상히 여겨 너를 방면하마."가 아니라 "네가 그런 죄를 범하고도 목숨을 부지할 성싶으냐?"이기 때문이다. 죄인인 것이 확인되면 살아날 방도가 없다. 무조건 우겨야 한다.

하나님은 어떻게 된 영문일까? 우리가 우리 죄를 자백하면 하나님은 미쁘시고 의로우시기 때문에 우리 죄를 사하신다고 한다. 하나님이 너그러우시고 사랑이 많으셔서 우리 죄를 사하신다고 하면 말이 맞지만 하나님이 미쁘시고 의로우셔서 우리 죄를 사하신다고 하면 말이 안 되는 것 아닐까? 미쁘시고 의로우시면 죄를 있는 그대로 판정해야 하기 때문이다.

예수님의 십자가에 답이 있다. 예수님이 우리 대신 죗값을 치르셨다. 우리한테 또 죗값을 묻는 것은 일사부재리의 원칙에 위배된다. 우리에게는 죄가 없다. 우리를 의롭다고 하는 것이 하나님의 사랑이 아니고 하나님의 공의다.

재를 담는 통과 부삽과 대야와 고기 갈고리와 불 옮기는 그릇을 만들되

제단의 그릇을 다 놋으로 만들지며(출 27:3)

번제단에는 다섯 가지 도구가 딸려 있다. 재를 담는 통과 부삽, 대야, 고기 갈고리, 불 옮기는 그릇이다. 한 걸음 지나친 적용일 수 있지만 번제단에 딸린 기구들의 기능을 우리가 교회에서 감당해야 할 역할에 빗댈 수 있다.

대야는 제물을 담는 그릇이다. 양이든 소든, 제물로 드리는 짐승을 죽여서 각을 뜬 다음 대야에 담아서 옮겼다. 번제단이 아무리 예수님의 십자가 사역을 예표해도 제물이 없으면 소용이 없다. 이렇게 따지면 대야는 죄를 회개할 사람을 계속 데려오는 역할을 하는 셈이다.

대야의 제물을 번제단에 올리려면 고기 갈고리가 필요하다. 누군가 새로 왔다고 해서 바로 그 교회의 구성원이 되는 것이 아니다. 한두 주 나와서 설교도 들어보고 분위기도 살펴보다가 등록을 한다. 또 등록했다가도 이내 정을 못 붙여서 떠나기도 한다. 교회에 정착하지 못했으면 이유야 어떻든 바람직하지 못하다. 그 교회의 분위기를 보여주는 것이기 때문이다. 그러면 그 교회에 정착한다는 것은 뭔가 선교적인 분위기가 있었다는 뜻이다. 고기 갈고리가 그런 역할을 한다. 새로 온 교인으로 하여금 그 교회에 잘 적응하게 하는 것이다.

사람을 나누는 방법은 다양하다. 남자와 여자로 나눌 수도 있고, 어른과 아이로 나눌 수도 있다. 피부색이나 언어로 나눌 수도 있다. 조금 치사하지만 가진 사람과 못 가진 사람, 배운 사람과 못 배운 사람으로 나눌 수도 있다.

누가 나누는지에 따라서 기준이 달라지기도 한다. 연예인은 자기 팬인 사람과 자기 팬이 아닌 사람으로 나누고, 국회의원에 출마한 사람은 자기에게 표를 주는 사람과 그렇지 않은 사람으로 나눈다. 하나님은 어떨까? 하나님의 관심은 신자인지 아닌지에 있다. 예수님을 아느냐, 모르느냐가 하나님의 유일한 관심이다.

이런 하나님의 관심을 기준으로 삼으면 우리가 해야 할 일이 저절로 결정된다. 불신자를 만나면 예수님을 믿게 해야 하고, 신자를 만나면 예수님을 더 잘 믿게 해야 한다. 불 옮기는 그릇이 그런 역할을 한다. 제단에 항상 불이 있게 함으로써 제물이 더 잘 타게 하는 것처럼, 우리 역시 우리를 만나는 사람으로 하여금 신앙이 더 돈독해지게 해야 한다.

부삽은 번제단에서 제물을 태운 뒤에 남은 재를 치우는 것이다. 교회라고 해서 거룩하고 덕스러운 일만 있는 것이 아니다. 성스럽게 예배를 드리고 자원하는 마음으로 봉사를 했는데도 더러운 재가 남는다. 이것을 치우는 것이 부삽의 역할이다.

재 담는 통도 그렇다. 재를 아무 데나 버리면 도리어 더 더러워진다. 남들이 투덜거리는 소리와 온갖 짜증을 다 받아주면서도 그 말을 다른 데로 옮기지 않고 묵묵히 삭일 수 있어야 한다. 재를 통에 담아서 뚜껑을 닫듯이 거기에만 들어가면 끝나는 것이다.

중고등부를 지도하던 시절에 심부름을 시킬 때마다 하던 농담이 있다. "자고로 사람으로 태어났으면 적어도 한 가지 면에는 쓸모가 있어야 한다." 하지만 우리는 한 가지 면에만 쓸모가 있으면 안 된다. 두루두루 쓸모가 있어야 한다. 번제단에 속한 다섯 가지 기구가 하는 일을 모두 감당할 수 있어야 한다. 번제단에서 멀찍이 떨어져서 다른 사람이 제사 지내는 모습을 구경하다가 끝나기가 무섭게 돌아가는 것은 곤란하다. 예배는 찬양대의 찬양을 감상하고 목사의 설교를 평가하는 시간이 아니다. 이제 번제단을 지나 물두멍으로 가보자.

05

물두멍

◆

출30:17-21〉 여호와께서 모세에게 말씀하여 이르시되 너는 물두멍을 놋으로 만들고 그 받침도 놋으로 만들어 씻게 하되 그것을 회막과 제단 사이에 두고 그 속에 물을 담으라 아론과 그의 아들들이 그 두멍에서 수족을 씻되 그들이 회막에 들어갈 때에 물로 씻어 죽기를 면할 것이요 제단에 가까이 가서 그 직분을 행하여 여호와 앞에 화제를 사를 때에도 그리 할지니라 이와 같이 그들이 그 수족을 씻어 죽기를 면할지니 이는 그와 그의 자손이 대대로 영원히 지킬 규례니라

성막을 만드는 데 소요된 금이 29달란트와 730세겔이고, 은이 100달란트와 1,775세겔이다[7]. 요즘 화폐 가치로 300억 원이 넘는다. 이런 고급 건물의 바닥 자재는 무엇이었을까? 당시에는 모노륨이나 골드륨이 없었다.

---

7 1달란트는 34kg, 1세겔은 11.42g이다.

바닥은 그냥 맨땅이었다.

성막은 하나님을 만나는 장소다. 하나님과의 교제가 있는 곳이다. 그런 곳에 있는 동안에도 발이 더러워진다. 우리가 그만큼 죄에 취약하다. 이것을 해결하는 기구가 물두멍이다.

만일 번제단에 입이 있다면, "당신은 죄인입니다. 십자가가 필요합니다."라고 말할 것이다. 물두멍은 어떤 말을 할까? "당신은 하나님의 백성입니다. 하지만 더욱더 성결해져야 합니다."라고 하거나 "당신은 하나님의 백성입니다. 그러므로 더욱더 성결해져야 합니다."라고 할 것이다. '하지만'이 어울릴지 '그러므로'가 어울릴지 잘 모르겠다. "당신은 하나님의 자녀입니다. 하지만 그것으로 끝난 것이 아닙니다. 아직 하나님의 자녀다운 수준은 아닙니다. 그래서 물두멍이 필요합니다."라고 해도 말이 되고, "당신은 하나님의 자녀가 되었습니다. 그러므로 더욱 하나님의 자녀다운 모습을 갖춰야 합니다."라고 해도 말이 된다.

교회에서는 누구나 자기가 죄인이라고 한다. 신학적으로 따지면 어폐가 있다. 그러면 예수님은 왜 십자가에 달리셨단 말인가? 예수님이 우리 죗값을 치렀으니 우리에게는 죄가 없다. 죄인이 아니다. 그런데도 의인이라고 하려면 뭔가 어색하다.

아기 칫솔이 엄마 칫솔한테 묻는다.

"엄마, 나 칫솔 맞아?"

"응"

아기 칫솔이 고개를 갸우뚱거리며 돌아갔다. 일주일 후 다시 묻는다.

"엄마, 나 칫솔 맞아?"

"맞지, 그럼!"

아기 칫솔이 또 고개를 갸웃거리며 돌아갔다. 일주일이 지났다.

"엄마, 나 칫솔 맞아?"

"맞다니까! 자꾸 왜 그래?"

"그런데 난 왜 운동화만 빨아?"

칫솔이면 칫솔답게 이를 닦아야 한다. 허구한 날 운동화만 빨면 정체성이 헷갈릴 수 있다.

의인이면 의인답게 처신해야 한다. 의인처럼 생각하고 의인처럼 말하고 의인처럼 행동해야 한다. 의인답게 산 적은 없고 죄인처럼 살기만 하니 의인이라는 말은 실감이 안 나고 죄인이라는 말이 실감나는 것이다.

물두멍

번제단을 통과하면 하나님의 자녀가 된다. 물두멍은 신분상 하나님의 자녀인 사람들의 수준을 묻는다. 번제단은 우리한테 칭의를 교훈하고, 물두멍은 성화를 교훈한다.

부모와 자녀는 출생으로 맺어진다. 어렸을 적에 아버지께서 꾸중하실 때마다, "한 번만 더 그러면 호적에서 지워버린다!"라고 하셨다. 그렇다고 해서 내가 아버지 말씀에 꼬박꼬박 순종하지는 않았다. 물론 호적에서 지워지지도 않았다.

부모와 자식 관계는 취소될 수 없다. 단, 잘못이 있는 자녀는 기쁜 마음으로 부모 곁에 있을 수 없다. 거리낌 없이 부모 곁에 있으려면 잘못이 없어야 한다.

딸이 어렸을 때, 내가 퇴근해서 들어가면 쪼르르 달려와서 "아빠, 다녀오셨어요?" 하고, 인사하곤 했다. 그런데 자기 방에서 나오지 않을 때도 있었다. 엄마한테 야단맞은 날이다. 자기한테 잘못이 있으면 아빠가 들어와도 나와 보지 않는다. 하나님과 우리의 관계가 그렇다. 일단 마음이 깨끗해야 하나님을 볼 수 있다. 선악과를 먹은 아담, 하와도 동산에 거니시는 여호와 하나님의 소리를 듣고는 나무 사이에 숨었다. 설마 선악과를 먹기 전에도 하나님의 소리가 들리면 숨었을까?

그 옛날 제사장들이 제사를 지내는 모습을 상상해 보자. 누군가 가져온 제물로 번제단에서 제사를 지냈다. 구별된 몸과 마음으로 하나님의 사역에 종사했다. 그러는 사이에 손은 희생 제물의 피로 더러워지고, 발은 발대로 더러워진다. 우리가 죄에 어느 만큼 무기력한가 하면, 거룩한 곳에서 거룩한 일을 하는 동안에도 죄에 오염될 정도로 무기력하다.

성경은 우리를 죄의 종이라고 한다. 종에게는 발언권이 없다. 출애굽 전의 이스라엘이 그랬다. 자기들의 의지와 무관하게 바로가 원하는 일을 해야 했다. 죄에 항거할 능력이 없었다.

번제단에서 하나님께 제사 드리는 일이 얼마나 아름다운가? 그런 일을 하면서도 손이 더러워진다. 도종환 시인의 〈산경〉에 "골짜기 물에 호미를 씻는 동안 손에 묻은 흙은 저절로 씻겨내려갔다"라는 구절이 있다.

참으로 목가적이다. 그처럼 임도 보고 뽕도 따는 일이 신앙 영역에서도 일어나면 얼마나 좋을까?

현실은 전혀 그렇지 못하다. 거룩한 일을 하는 사이에 저절로 거룩하게 되는 것은 고사하고 거룩한 일을 하는 동안에도 죄가 들어온다. 교회에서 봉사하는 경우를 생각해 보면 된다. 분명히 하나님께서 기뻐하실 일을 하는데도 시기나 질투가 꿈틀댈 수 있다. 번제단을 통과한 사람도 하나님의 보좌로 나아가려면 물두멍을 통과해야 한다.

〈디오그네투스에게 보내는 편지〉라는 2세기 서신이 있다. 수신자는 디오그네투스인데 발신자는 미상이다. 기독교에 대한 디오그네투스의 질문에 답하는 내용으로 되어 있다. 그 글에 따르면 기독교인들은 언어나 관습에서 다른 사람과 구별되지 않는다고 한다. 기독교식 의상을 입지도 않고 기독교 상점에서 물건을 사거나 기독교 언어를 사용하지도 않는다. 로마 사람들과 구별되는 아무런 특징도 없다. 그런데도 로마의 범주를 초월하는 정체성을 지녔다고 한다. 그러면서 이런 말을 했다. "이들은 자기 나라에서 외국인으로 산다. 시민으로서 모든 것을 공유하고 외국인으로서 모든 것을 견딘다. 모든 외국 땅이 이들의 조국이지만, 모든 조국이 이들에게는 외국 땅이다."

당시는 지금처럼 예배를 위해서 따로 마련된 건물이 없었다. 전부 가정 교회였다. 요즘은 아파트 생활을 해서 옆집에 누가 사는지도 모르지만 내가 어렸을 때만 해도 옆집 사정을 훤하게 알았다. 2세기 때라면 말할 것도 없다. 교인들이 어떻게 사는지 옆집에서 다 알았을 것이다. 그들도 자기들과 똑같이 살았다. 같은 시장에서 장을 보고, 같은 공공장소를 방문했다. 하지만 다르게 살았다.

죄의 종이었다가 하나님의 자녀가 되었다고 해서 사람이 바뀐 것도 아니고 세상이 달라진 것도 아니다. 모든 것이 그대로인 채 신분만 바뀌었다. 희로애락의 감정을 느끼는 것도 똑같고, 하루 세 끼 밥을 먹어야 하는 것도 똑같다. 서면 앉고 싶고, 앉으면 눕고 싶은 것도 똑같다. 하나님의 자녀가 되었으니 죄에 속한 것은 생각도 나지 않고 늘 거룩한 것만 생각났으면 좋겠는데 그게 아니다. 우리 육신은 여전히 죄에 취약하다. 그런 육신을 가지고 맡겨진 삶을 살아야 한다.

그런 삶을 살면 누가 알아줄까? 파커 파머가 그의 책 〈일과 창조의 영성〉에서 우리가 부름받은 일은 실적으로 평가되기 어려운 일이라고 했다. 다른 사람을 사랑하는 일, 불의에 항거하는 일, 슬픔에 빠진 자를 위로하는 일, 전쟁을 끝내는 일이 모두 그렇다는 것이다. 그리고 한마디를 더 보탠다. "나는 얼마나 실적을 올리고 있는지 자문한 적이 한 번도 없고, 내가 신실한지 여부만 물어왔다." 그런 복된 삶을 파커 파머에게만 맡겨둘 수는 없다. 우리 모두가 살아내야 한다.

물두멍의 역할을 그대로 보여주는 예수님의 행적이 요한복음 13장에 기록되어 있다. 예수님이 제자들의 발을 씻어주신 일이다. 흔히 예수님이 선생이면서도 제자들의 발을 씻어주실 만큼 겸손한 분이었다고도 하고, 찬송가 220장 가사 "우리 주님 거룩한 손 제자들의 발을 씻어 남 섬기는 종의 도를 몸소 행해 보이셨네"에 착안해서 우리도 예수님처럼 남을 섬겨야 한다고도 한다. 예수님이 제자들의 발을 씻어주신 이유가 그런 때문일까?

대형 금은방 주인이 금반지를 꺼내 보이면서 "이것이 이 매장에서 가장 비싼 것입니다"라고 하면, 선뜻 수긍할 수 있을까? 금반지가 아무리 비싸도 대형 금은방이라면 큼지막한 다이아몬드가 나와야 어울리지 않을까?

요한복음 13장은 "유월절 전에 예수께서 자기가 세상을 떠나 아버지께로 돌아가실 때가 이른 줄 아시고 세상에 있는 자기 사람들을 사랑하시되 끝까지 사랑하시니라"로 시작한다. 예수님은 이제 곧 로마 군사들에게 잡혀서 십자가에 달릴 것이다. 시간이 마냥 주어진 것이 아니다. 유언이라도 남겨야 한다. 겸손이나 섬김을 말할 계제가 아니다.

예수님과 베드로가 나눈 대화를 보면 잘 나타난다. 예수님이 베드로 앞에 이르렀을 때 베드로가 펄쩍 뛰며 만류한다. 예수님이 자기 발을 씻어주시는 것이 베드로 생각에는 말이 안 되는 일이었는데 예수님 생각은 달랐다.

> 베드로가 이르되 내 발을 절대로 씻지 못하시리이다 예수께서 대답하시
> 되 내가 너를 씻어주지 아니하면 네가 나와 상관이 없느니라(요 13:8)

예수님이 베드로의 발을 씻어주는 문제는 베드로가 예수님과 상관있느냐, 없느냐가 결정되는 심각한 문제였다.

흔히 예수를 믿으면 구원 얻는다고 한다. 예수를 믿으면 겸손해진다고 하지 않는다. 우리가 예수님의 십자가 사역으로 해결받은 것은 죄의 문제이지, 도덕성의 문제가 아니다. 예수님이 제자들의 발을 씻어주신 것은 남을 섬기는 일이 그만큼 중요하기 때문이 아니라 우리의 구원과 관계해서 꼭 전하고 싶은 당부 사항이 있었기 때문이다.

우리의 당면 과제는 영혼 구원이다. 그렇다고 해서 구원을 얻는 것으로 예수님과의 관계가 끝나느냐 하면 그렇지 않다. 예수님은 지금도 우리의 구원 완성을 위해서 애쓰고 계시다. 그것을 발을 씻는 것으로 나타낸 것이다.

발만이 아니라 손과 머리도 씻어 달라는 베드로의 말에 예수님이 이미 목욕한 자는 발밖에 씻을 필요가 없다고 하셨다. 목욕을 했다는 얘기는 구원을 얻었다는 뜻이다. 구원은 한 번만 얻으면 된다. 하지만 구원 얻었어도 죄는 범한다. 그것은 그때마다 회개해야 한다. 그것을 발을 씻는 것으로 나타낸 것이다. 즉 구원 얻은 신분에 맞게 수준도 계속 변해야 한다.

예수님께서 제자들의 발을 씻어주신 행적에 담긴 메시지는 "너희들은 겸손한 사람이 되어라"나 "너희들은 남을 섬기는 사람이 되어라"가 아니다. "영혼이 구원 얻었다고 해서 그것이 전부가 아니다. 그 구원이 완성되는 날까지 계속 노력해야 한다. 너희들은 이제 성화에 힘써야 한다. 내가 그 과정에도 함께하겠다."이다. 구원을 얘기할 때 신학적인 용어로 칭의, 성화, 영화라는 표현을 쓴다. 목욕을 했다는 얘기는 칭의를 말하고, 발을 씻는 것은 성화를 말한다.

예수님은 강을 건널 때 필요한 뗏목 같은 분이 아니다. 예수님이 그런 분이면 우리 신분이 바뀐 것으로 예수님과는 더 이상 상관이 없게 된다. 각자 알아서 살면 그만이다. 하지만 예수님은 우리의 구원 여정을 끝까지 인도하시는 분이다. 그래서 마지막 순간까지 그것을 당부하셨다. "내가 너희를 거룩하게 만들고야 말겠다. 내가 반드시 그 일을 이루어내겠다. 내가 그 일을 하지 않으면 너희가 나와 상관이 없어질 것이기 때문이다."라고 하셨다.

> 그들이 회막에 들어갈 때에 물로 씻어 죽기를 면할 것이요 제단에 가까
> 이 가서 그 직분을 행하여 여호와 앞에 화제를 사를 때에도 그리 할지니
> 라 이와 같이 그들이 그 수족을 씻어 죽기를 면할지니 이는 그와 그의 자
> 손이 대대로 영원히 지킬 규례니라 (출 30:20-21)

물두멍에서 수족을 씻지 않으면 죽는다고 한다. 무슨 영문일까? 번제
단을 통과하는 것으로 죄를 사함받았다. 요즘말로 하면 십자가 공로로
구원 얻었다. 하나님의 자녀가 되었다. 죽는다는 말이 왜 나올까?

한번 얻은 구원은 취소되지 않는다. 이런 말을 하면, "전에 교회 다니
다가 지금은 안 다니는 사람도 구원 얻습니까?"라고 묻는 사람이 있는
데, 교회 출석이 구원을 보장해주지는 않는다. 사람들 눈에 구원 얻은
것처럼 보였을 뿐이다. 가룟 유다도 한때 구원 얻은 사람으로 보였을 것
이다.

한번 얻은 구원이 취소될 수 있다면 하나님이 어떤 사람을 구원했다가
그 사람의 나중 행적을 보고서 "저 사람, 저럴 줄 몰랐어. 실망이야. 구원
은 없던 일로 해!"라고 한다는 뜻인데 그럴 수는 없다. 하나님은 전지전
능하신 분이다. 하나님이 완벽하신 분이니 하나님의 구원 역시 완벽할
수밖에 없다.

출애굽 당시 이스라엘은 이십 세 이상의 남자만도 60만 명이 넘었다.
그들이 가나안에 들어간 것이 아니다. 가나안 접경 가데스바네아에서
가나안 땅을 정탐하고는 엉뚱한 소리를 하는 바람에 하나님의 진노를

사서 광야 생활 40년으로 생을 마감하고, 가나안에는 출애굽 2세대가 들어가게 된다.

이스라엘이 홍해를 건너서 애굽을 나온 것은 우리가 얻은 구원을 보여준다. 그런데 홍해를 건넜으면서도 가나안에 들어가는 것을 거부했다. 하나님께서는 그런 삶을 인정하지 않으신다.

한번 얻은 구원은 취소되지 않는다. 우리한테 구원이 취소되는 것을 보여주려면 이스라엘이 다시 애굽으로 돌아가야 했는데 그런 일은 일어나지 않았다. 그때 이스라엘은 광야와 가나안 사이에서 양자택일을 해야 했고, 지금 우리는 예수 안에서 살 것인지, 예수 밖에서 살 것인지를 결정해야 한다. 다른 선택은 없다. 구원을 얻었으면서도 신자로 살기를 거부하는 삶이 이스라엘에게는 광야에서 죽는 것으로 나타났고, 우리가 보는 성막에서는 물두멍에서 손을 씻지 않으면 죽는다는 말로 표현된 것이다. 하나님은 그만큼 우리가 거룩해지기를 원하신다.

이미 번제단을 통과한 사람에게 "아까 그 제물 무르겠어. 나, 그거 안 받아."라고 할 수는 없다. 죄를 사함받았다는 사실은 변하지 않는다. 단, 죄를 사함받기만 하고 죄 사함받은 사람으로 살지 않는 것을 하나님께서는 결코 용납하지 않으신다. 그런 하나님의 의지가 물두멍에서 수족을 씻어 죽기를 면하라는 말로 표현된 것이다.

> 그가 놋으로 물두멍을 만들고 그 받침도 놋으로 하였으니 곧 회막 문에
> 서 수종드는 여인들의 거울로 만들었더라(출 38:8)

요즘은 거울이 별로 귀한 물건이 아니다. 나는 우리 집에 거울이 몇 개

있는지도 모른다. 나만 그럴까? 집에 있는 거울이 전부 몇 개인지 바로 답할 수 있는 사람은 없을 것이다. 머릿속에서 한참 헤아린 다음에 대답을 해도 하나나 두 개는 빠뜨리기 십상이다.

출애굽 시대에는 달랐다. 당시에는 놋을 광택이 나도록 닦아서 거울로 사용했는데, 그것은 굉장히 귀한 물건이었다. 특히 여자들한테는 더할 나위 없이 소중했다.

여자들이 그 거울로 무엇을 했을까? 거울의 용도는 뻔하다. 얼굴을 비춰 보며 자기를 가꾸는 데 썼을 것이다. 그런 거울이 성물이 되었다. 전에는 자신을 꾸미기 위해서 쓰이던 물건이 하나님의 사역에 쓰이게 되었다. 자기 영광을 위해서 살던 사람이 하나님의 영광을 위해서 사는 격이다.

그런 성물이 되려면 우선 드려져야 한다. 자기가 갖고 있는 채로 하나님의 사역에 쓰임받을 수는 없다. 또 그다음에는 녹여져야 된다. 성물이 되려면 성물로 쓰임받기에 적합한 형태로 바뀌어야 한다. 자기가 여전히 자기 주인인 채 하나님을 섬길 수는 없다.

여인들이 쓰던 거울이 그런 과정을 거쳐서 물두멍으로 변모했다. 물두멍은 하나님께 나아가려면 자신을 성결하게 해야 한다는 사실을 말한다. 하나님을 만나려면 먼저 자신을 돌아보아야 한다. 자기가 과연 하나님 보시기에 성결한지 항상 점검해야 한다.

제사장들이 물두멍에서 자신의 더러움을 씻었듯이 우리도 하나님께 나아가기에 온전한 모습인지 간단없이 확인해야 한다. "주님여 이 손을 꼭 잡고 가소서"라는 복음성가가 있다. 요즘은 뜸하지만 한때 자주 불렸다. 예전에 그 복음성가를 부르다 말고 문득 다른 생각을 한 적이 있다.

"내 손이 주님께서 기꺼이 잡으실 만큼 깨끗할까?"라는 생각이었다. 우리 손은 보통 손이 아니다. 주님께서 잡고 가실 손이다. 당연히 깨끗해야 한다. 세상 욕심이 덕지덕지 묻은 손을 주님께 내미는 일은 없어야 한다.

물두멍에서 손과 발을 씻는 제사장들을 상상해 보자. 그때 제사장들이 어떤 심정이었을까? 물두멍을 볼 때마다 "우리가 제대로 일할 수 있도록 저 여인들이 그렇게 아끼던 것을 바쳤구나"라는, 옹골진 감동이 있었을 것이다. 그런 감동이 없으면 제사장 자격이 없다. 물두멍을 볼 때마다 거기에 담긴 성도들의 봉사와 헌신, 충성과 희생을 느껴야 한다. 그리고 자신을 채근해야 한다. "나도 저 사람들에게 부끄럽지 않게 맡겨진 일을 감당해야지"라는 다짐이 꿈틀거려야 한다.

부교역자 시절, 신학을 시작한 다음부터 생긴 안 좋은 버릇 때문에 고민했던 기억이 있다. 전에는 설교를 하나님 말씀으로 들었는데 그게 안 되는 것이었다. 설교를 들으면서도 마음은 콩밭에 가 있었다. "혹시 써먹을 게 없을까?" 하는 생각으로 듣기 때문이었다. "저 내용을 저렇게 설명하는구나. 나 같으면 이렇게 하겠다.", "저 예화 괜찮다. 기억해 두었다가 써먹어야 하겠다.", "저 대목에서는 한 템포 쉬면서 회중을 둘러본 다음에 말을 이어야 하는데 너무 급한 것 같다."라는 생각을 하며 설교를 들으니 설교 내용이 귀에 들어오지 않았다.

대신 다른 경로로 신앙에 자극을 받았다. 성도들의 헌신된 모습을 보는 것이다. 예전에 수련회 때 있었던 일이다. 늦은 시간에 진행된 야간 프로그램이 끝난 다음, 학생들을 재우고, 교사 회의를 마친 후 잠시 얘기를 나눴더니 어느덧 새벽 두 시였다. 자려고 숙소로 가는데 교사 한 분이 실외등 빛에 의지해서 책을 보고 있었다. 프로그램 준비 때문에 공과 준비를 충분히 못했다는 것이었다.

그 모습이 엄청난 자극이 되었다. "아이들에게 잠깐 가르치는 공과도 저렇게 열심인데, 나는 과연 목회를 어떻게 해야 하나?" 하는 생각이 들었다. 목회자한테는 그런 자극이 많을수록 좋을 것이다. 그 목회자는 절대 게을러질 수 없을 것이고, 그 유익은 교인들에게 환원될 것이다. 교인들의 헌신만큼 목회자를 채찍질하는 것은 없다.

물두멍 앞에 선 제사장들의 마음을 다시 떠올려 보자. "우리를 위해서 저 사람들이 이런 희생을 했구나"가 아니라, 특정한 사람을 떠올리면서 "내가 맡은 사역을 잘 감당하라고 아무개가 이토록 신경 썼구나"라는 생각을 한다면 자신의 사역을 위해서 그야말로 죽도록 충성하게 될 것이다. 자기가 과연 하나님과 사람 앞에서 부끄럽지 않은 일꾼인지 날마다 확인할 것이다.

신학대학원 1학년을 마친 다음부터 면목동에 있는 H교회에서 소년부 교육전도사로 사역했다. 사역 초기의 일이다. 교사 한 분이 할 얘기가 있다고 하더니, 컴퓨터를 선물하고 싶다고 하셨다. 지금도 컴퓨터는 만만한 가격이 아니지만 당시는 지금과 비교할 수 없을 정도로 고가였다. 넥타이나 와이셔츠처럼 가끔 선물로 주고받을 수 있는 품목이 아니었다. 한사코 사양했는데도 막무가내였다.

당시 학교에서 늘 붙어 다니던 친구들이 있었다. 그 친구들을 다 불러서 의견을 구했다. 컴퓨터 같은 고가의 선물을 받는 것이 과연 옳은지 논의한 끝에 받기로 했다. 받은 사랑을 돈으로 환산하는 것은 예의가 아니지만, 그런 엄청난 액수를 선뜻 내놓으실 만큼 나를 사랑하는 분이 계시다는 사실이 눈물겹게 감사했다. 컴퓨터 전원을 켤 때마다 "나를 이토록이나 아껴주시는 분이 계시니 나는 정말 좋은 목사가 되어야 하겠다"라고 마음을 다지곤 했다. 컴퓨터를 볼 때마다 게을러질 수가 없었다.

　이런 내용을 물두멍에 적용할 수 있다. 성도들은 성도들대로 자발적인 헌신이 있어야 하고, 목회자는 목회자대로 그런 헌신에 부끄럽지 않게 사역하겠노라는 다짐이 있어야 한다. "나에 대한 기대가 이렇구나. 내가 맡은 일을 잘 감당하라고 이렇게 애쓰시는구나."라는 생각이 있으면, 그 목회자는 좋은 목회자가 안 되고는 못 배길 것이다.

　하지만 옛날얘기다. 지금은 물두멍이 없다. 우리에게는 물두멍의 역할을 하는 것이 무엇일까?

> 나는 참 포도나무요 내 아버지는 농부라 무릇 내게 붙어 있어 열매를 맺지 아니하는 가지는 아버지께서 그것을 제거해 버리시고 무릇 열매를 맺는 가지는 더 열매를 맺게 하려 하여 그것을 깨끗하게 하시느니라 너희는 내가 일러준 말로 이미 깨끗하여졌으니(요 15:1-3)

> 그들을 진리로 거룩하게 하옵소서 아버지의 말씀은 진리니이다(요 17:17)

> 이는 곧 물로 씻어 말씀으로 깨끗하게 하사 거룩하게 하시고(엡 5:26)

> 청년이 무엇으로 그의 행실을 깨끗하게 하리이까 주의 말씀만 지킬 따름

이니이다(시 119:9)

물두멍이 했던 역할을 지금은 말씀이 감당한다. 옛날 성막에서 번제단을 지난 제사장들이 물두멍에서 자기의 더러움을 씻었던 것처럼 구원을 얻은 우리는 말씀을 기준으로 자신을 성찰해야 한다. 성경을 가리켜서 '캐논'이라고 한다. 자, 규범, 척도라는 뜻이다. 성경을 읽으면서 밑줄을 긋거나 설교 말씀에 '아멘'만 하면 되는 것이 아니다.

주후 1501년, 26살의 미켈란젤로가 거대한 대리석 앞에 섰다. 4년의 작업 끝에 다비드상을 완성했다. 5.17m나 되는 거작이었다. 보는 사람마다 감탄했다. 거대한 대리석이 마치 살아 있는 사람처럼 변모한 것이다. 누군가 비결을 묻자, 미켈란젤로가 길이 회자되는 유명한 대답을 했다. "다비드가 아닌 부분을 조금씩 깎아냈을 뿐입니다. 그랬더니 이렇게 되었습니다."

우리가 정녕 하나님의 백성이라면 우리한테서 말씀에 어긋나는 것이 발견될 때마다 제거해야 한다. 예수님이 말씀이 육신이 되신 분이라면 그런 예수님을 주로 고백하는 우리는 우리 육신으로 말씀을 살아내야 한다. 그 말씀이 우리의 기준이다.

유감스럽게도 사람들은 다른 것을 기준으로 삼는 경향이 있다. 주로 자기 입장이나 남들의 평판이다. "자기가 어떻게 생각하느냐?", "다른 사람들이 뭐라고 하느냐?"를 상당히 중요하게 여긴다.

공자가 군자유어의(君子喩於義) 소인유어이(小人喩於利)라고 했다. 군자는 의로움을 생각하고 소인은 이익을 생각한다. 의로움을 생각하면 군자가 되고 이로움을 생각하면 소인이 된다. 이 말을 패러디할 수 있다.

신자는 하나님의 뜻을 생각하고, 불신자는 자기 이익을 생각한다. 하나님의 뜻에 민감하면 신자가 되고, 자기 이익에 민감하면 불신자가 된다. 간혹 교회 안에도 불신자가 있다. 그런 사람은 자기 이익을 하나님의 뜻으로 포장할 것이다.

한 검사가 어떤 사건을 맡아서 수사했다. 피고인에게 유죄가 선고되었다. 피고인은 상고했고, 검사는 사임해서 변호사 사무실을 차렸다. 그런 경우에 전에 자기가 수사한 사건의 변호를 맡을 수 있을까?

변호사법에 따라 그럴 수는 없는데, 그런 것을 금하는 규정을 왜 만들었을까? 제도적으로 막지 않으면 그런 일이 있을 수 있기 때문이다. 그러면 얘기가 우스꽝스럽게 된다. 검사 시절, 형법 몇 조 몇 항을 조목조목 따지면서 유죄를 입증하려던 사건에서 이번에는 조목조목 무죄를 주장할 것이기 때문이다. 사람은 얼마든지 그럴 수 있다. 입장에 따라 논리가 달라지는 예가 수두룩하다. 특히 자본주의 사회에서 돈은 그 어떤 논리보다 강력하다.

영국의 대처 총리는 영국병을 치유한 것으로 유명하다. 노조의 대규모 파업을 무력화한 것이다. 당시 대처 총리는 배상금, 벌금으로 노조의 힘을 빼는 전략을 구사했다. 노조 간부를 구속하면 노조의 동지애가 발휘되어서 파업이 더 격렬해지지만 민사소송을 걸면 배상금 때문에 노조의 단결력에 금이 간다는 사실에 착안한 것이다. 감방 앞에서 발휘되는 동지애가 돈 앞에서는 발휘되지 않는다.

얼마 전에 튀르키예에 다녀왔다. 아라랏산, 하란, 갈그미스 등을 탐방하고 왔는데, 마르딘에서 시리아정교회 수도원인 데룰자파란수도원에 들렀다. 태양신 샤마시를 섬기던 신전 위에 세워진 수도원이었다. 애굽에서 태양신 라를 섬겼던 것처럼 메소포타미아에서도 태양신을 섬겼다. 그 지역의 태양은 무척 뜨겁다. 그런 곳에 살면 태양신을 안 섬길 수 없을 것 같았다.

애굽이나 메소포타미아의 태양이 뜨겁다는 이유로 태양신을 섬긴 것이 납득이 된다면 자본주의 세상을 산다는 이유로 맘몬을 섬기는 것도 납득이 되어야 할까? 우리가 그런 세상을 살고 있다. 정말 정신 바짝 차려야 한다. 아무 생각 없이 살다가는 "돈은 나의 목자시니 내게 부족함이 없으리로다"라고 고백하게 된다. 주변에서 모두가 그렇게 살기 때문이다.

"왜 돈을 벌려고 하십니까?"라고 물으면 사람들이 뭐라고 할까? 아마 "그걸 몰라서 묻느냐?"라는 대답이 가장 많이 나올 것이다. 돈이 없으면 당장 살 수가 없다. 하지만 사람들이 돈을 버는 진짜 이유는 돈이 필요해서가 아니다.

방송에서 '대박집'으로 소개되는 음식점 중에는 연소득 십억에 이르는 집도 꽤 있을 것이다. 그 돈을 다 무엇에 쓸까? 하루 종일 식당에 나와서 일을 하니 딱히 돈을 쓸 곳도 없다. 그런데도 가게를 확장하고 분점을 낸다. 할 수만 있으면 돈을 더 벌고 싶은 것이다.

먹고살려고 돈을 번다는 얘기가 당연한 것 같지만 절대 그렇지 않다. 사람들은 돈을 버는 것 자체가 목적이라서 돈을 번다. 돈을 벌어서 무엇을 하겠다는 생각이 없다. 돈을 버는 일은 무조건 해야 하는 일로 착각한다. 부자도 더 많은 돈을 벌고 싶어 하고, 가난한 사람도 더 많은 돈을 벌고 싶어 한다.

차제에 당부 드린다. 무조건 돈을 벌고 싶어 해서는 안 된다. 왜 돈을 벌려고 하는지, 돈을 벌어서 무엇을 할 것인지가 먼저 정립되어야 한다. 자칫 세상 풍조에 휩쓸려 마냥 돈 따라 살 수 있다. 얼마 전에 한 선교사로부터 "저는 돈이 없으면 쉽니다"라는 말을 들었다. 그 말에 상당한 충격을 받았다. 돈을 사역의 도구로 여기는 사람만 할 수 있는 말이기 때문이다. 돈은 언제나 목적이 아닌 수단이어야 한다.

"남들이 뭐라고 하느냐?"도 상당히 중요한 기준이 된다. 어떤 학생이 모두가 '예'할 때 혼자 '아니오'라고 하는 것이 진정한 용기라는 말에 깊은 감명을 받았다. 자기도 그런 사람이 되기로 마음먹었다. 마침 선생님 말씀에 한 학생이 '예'라고 했다. 다른 학생도 '예'라고 했고, 또 다른 학생도 '예'라고 했다. 그 학생은 달랐다. 모두가 '예'라고 할 때 '아니오'라고 하는 것이 진정한 용기라는 사실을 떠올렸다. 자기 차례가 되자 용기를 내어 '아니오'라고 했다. 선생님은 출석을 부르는 중이었다.

이런 경우에 '아니오'라고 하는 것은 장난기만 있으면 된다. 하지만 실제로 남들과 다르게 사는 것은 그렇지 않다. 대세를 거스르는 소수는 영화에서만 멋있게 보일 뿐, 현실에서는 전혀 멋있지 않다. 자고로 바람에 나는 겨처럼 살면 스트레스받을 일이 없다. 하지만 우리는 세상을 거스르기로 작정한 사람들이다. 개신교를 뜻하는 프로테스탄트(Protestant)가 '저항한다'라는 라틴어 protestari에서 유래했다. 세태에 떠밀리는 것은 우리 정체성에 어긋난다. 우리의 기준이 하나님 말씀이기 때문이다.

여기서 잠깐, 옛날 성막 안의 광경을 상상해 보자. 제사장들이 분주한 발걸음으로 맡은 일을 한다. 사람들이 제물을 가지고 올 때마다 번제단에 피를 뿌리고 불에 태운다. 당연히 해야 하는 일이고, 맡겨진 일이다. 그런 일을 하는 동안에 손이 더러워지고 발이 더러워진다.

우리가 그렇다. 우리가 살인이나 강도짓을 하는 것이 아니다. 그냥 하루하루를 성실하게 산다. 그것만으로 자연스럽게 더러워진다. 사람이 본래 죄와 한통속이기 때문이다.

> 내가 죄악 중에서 출생하였음이여 어머니가 죄 중에서 나를 잉태하였나이다(시 51:5)

다윗의 고백이다. 자기는 죄 속에서 만들어지고, 죄 속에서 출생하고, 죄로 가득한 세상을 살기 때문에 저절로 죄를 짓게 된다는 것이다. 특정한 자극이 주어져서 그 반응으로 죄를 짓는 것이 아니라 호흡이 있다는 이유만으로 죄를 짓는다. 설마 다윗만 그렇고 다른 사람들은 안 그럴까?

이 세상은 성막 뜰과 같다. 눈으로 보고 귀로 듣고 손으로 만지는 모든 것이 아무리 거룩해도 발은 모래판에 있는 격이다. 우리가 그런 세상을 살면서 죄를 씻어야 하는 사람들이다. 살을 빼려면 흡수하는 칼로리보다 소모하는 칼로리가 많아야 하는 것처럼 자꾸만 죄를 짓게 된다면 그보다 더 끈질기게 죄를 씻어야 한다.

성막에 있는 모든 기구는 정해진 크기가 있었다. 예컨대 울타리는 너비가 오십 규빗, 길이가 백 규빗, 높이가 오 규빗이었고, 떡상은 길이가 이 규빗, 너비가 일 규빗, 높이가 일 규빗 반이었다. 하나님께서 일일이 정해주셨다.

물두멍은 크기를 말씀하지 않으셨다. 그럴 수밖에 없다. 물두멍은 회막에서 수종드는 여인들의 거울로 만들었는데, 특정 크기의 물두멍을 만들기 위해서 거울을 몇 개나 녹여야 하는지 무슨 수로 안단 말인가? 게다가 그 거울들은 크기도 다 달랐다.

어쨌든 거울이 많을수록 더 큰 물두멍을 만들 수 있었다. 주님을 향한 헌신에 비례해서 물두멍도 같이 커지는 것이다. 또 물두멍의 크기에 제한이 없었다는 얘기는 우리를 씻으려는 주님의 은혜에도 제한이 없다는 뜻이 된다. 주님은 항상 우리를 씻으시기 원하신다. 오죽하면, "내가 너를 씻어주지 아니하면 네가 나와 상관이 없느니라"라고 하실 만큼 우리를 씻으시기 원하신다. 이 말은 뒤집어도 성립한다. 주님으로부터 씻음 받아야 하는 우리의 죄도 한이 없다. 성막 안에서 거룩한 사역을 하는 동안에도 손이 더러워지고 발이 더러워질 만큼 우리는 더러움에 취약하다. 이런 사실을 명심해서 자신의 성결을 지켜야 한다.

06

성소

◆

물두멍을 지나면 성소가 나온다. 성소에 들어가면 우측에 떡상이 있고, 좌측에는 등잔대, 정면에 분향단이 있다. 또 벽은 전부 금이다. 떡상도 금이고, 등잔대도 금이고, 분향단도 금이니 보이는 것이 죄다 금이다. 사방이 다 금인데 순금 등대에 불이 켜져 있으면 그 빛이 얼마나 잘 반사될까? 또 천장은 흰색 바탕에 청색, 자색, 홍색 실로 다채로운 무늬가 아로새겨진 휘장이다.

어쩌면 이 세상에서 가장 화려한 공간이었을 수 있다. 아무나 그런 광경에 감탄할 수 있는 것이 아니다. 성소에 들어온 사람만 감탄할 수 있다. 밖에서는 성소 외부를 감싸고 있는 칙칙한 해달 가죽밖에 보지 못한다.

"교회 다니는 것은 좋은데 너무 깊이 빠지면 곤란하다"라는 말을 들어 보았을 것이다. 그런 말이 어떻게 가능할까? 사실 우리는 더 많은 열심을 내지 못하는 것이 면구스러운 사람들이다. 그런데 공공연하게 그런 말을 한다.

"돈을 버는 것은 좋은데 은행 지점장이 줄을 설 정도로 벌면 골치 아프다", "공부를 잘하는 것은 좋은데 서울대학교를 수석으로 들어갈 정도로 잘하면 골치 아프다"라는 말에 속을 사람이 있을까? 그런 말에는 전부 코웃음을 칠 것이다. 그런데 "교회 다니는 것은 좋은데 너무 깊이 빠지면 곤란하다"라는 말에는 고개를 끄덕인다. 일찍이 바로가 했던 말이기도 하다. 출애굽 전에 애굽에 열 가지 재앙이 내렸는데, 중간에 바로가 "너희가 너희의 하나님 여호와께 광야에서 제사를 드릴 것이나 너무 멀리 가지는 말라"라고 한 적이 있다. 죄다 바로한테 속은 것일까?

각설하고, 성소 밖에서 볼 수 있는 것은 거무튀튀한 해달 가죽뿐이다. 일단 안으로 들어가야 등잔대를 보든지 떡상을 만지든지 분향단을 쓰다듬든지 할 수 있다. 밖에서는 성소 안에 들어갔다 온 사람들의 이야기를 듣는 것이 고작이다. 신앙생활을 자기가 안 하고 다른 사람의 간증을 들으면서 대리 만족을 얻는 격이다. 아무리 유명한 교회에 다녀도 신앙생활은 자기가 직접 해야 하고, 아무리 목사가 설교를 잘해도 예수는 자기가 직접 믿어야 한다.

해달 가죽 〉 숫양 가죽 〉 염소 털 〉 휘장

성소에 들어가기 전에 먼저 덮개를 살펴보자. 그림에서 보는 것처럼 성소가 네 겹으로 덮여 있다.

출 26:1-14) 너는 성막을 만들되 가늘게 꼰 베실과 청색 자색 홍색 실로 그룹을 정교하게 수놓은 열 폭의 휘장을 만들지니 매 폭의 길이는 스물여덟 규빗, 너비는 네 규빗으로 각 폭의 장단을 같게 하고 그 휘장 다섯 폭을 서로 연결하며 다른 다섯 폭도 서로 연결하고 그 휘장을 이을 끝 폭 가에 청색 고를 만들며 이어질 다른 끝 폭 가에도 그와 같이 하고 휘장 끝 폭 가에 고 쉰 개를 달며 다른 휘장 끝 폭 가에도 고 쉰 개를 달고 그 고들을 서로 마주 보게 하고 금 갈고리 쉰 개를 만들고 그 갈고리로 휘장을 연결하여 한 성막을 이룰지며 그 성막을 덮는 막 곧 휘장을 염소 털로 만들되 열한 폭을 만들지며 각 폭의 길이는 서른 규빗, 너비는 네 규빗으로 열한 폭의 길이를 같게 하고 그 휘장 다섯 폭을 서로 연결하며 또 여섯 폭을 서로 연결하고 그 여섯째 폭 절반은 성막 전면에 접어 드리우고 휘장을 이을 끝 폭 가에 고 쉰 개를 달며 다른 이을 끝 폭 가에도 고 쉰 개를 달고 놋 갈고리 쉰 개를 만들고 그 갈고리로 그 고를 꿰어 연결하여 한 막이 되게 하고 그 막 곧 휘장의 그 나머지 반 폭은 성막 뒤에 늘어뜨리고 막 곧 휘장의 길이의 남은 것은 이쪽에 한 규빗, 저쪽에 한 규빗씩 성막 좌우 양쪽에 덮어 늘어뜨리고 붉은 물들인 숫양의 가죽으로 막의 덮개를 만들고 해달의 가죽으로 그 윗덮개를 만들지니라

1절에 "너는 성막을 만들되 가늘게 꼰 베실과 청색 자색 홍색 실로 그룹을 정교하게 수놓은 열 폭의 휘장을 만들지니"라는 말이 나온다. 가늘

게 꼰 베실(흰색)과 청색, 자색, 홍색의 네 가지 색깔로 그룹을 수놓아서 휘장을 만들라고 한다.

7절에서는 "그 성막을 덮는 막 곧 휘장을 염소 털로 만들되 열한 폭을 만들지며"라고 했다. 염소 털로 휘장을 만들어서 1절에서 말한 휘장을 덮는다.

그다음 14절에 "붉은 물들인 숫양의 가죽으로 막의 덮개를 만들고 해달의 가죽으로 그 윗덮개를 만들지니라"라는 말이 나온다. 숫양의 가죽으로 덮개를 만들어 7절의 염소 털로 된 휘장을 덮고, 다시 해달 가죽으로 된 덮개를 만들어서 그것으로 덮는 것이다. 이렇게 성소 지붕을 네 번 덮는다.

이것을 밖에서부터 차례로 살펴보자. 제일 바깥에 있는 것은 해달 가죽이다. 성소 안에 들어가면 사방 벽이 다 금이고, 안에 있는 떡상, 등잔대, 분향단도 다 금인데, 그것은 안에 들어갔을 때의 얘기다. 밖에서는 해달 가죽밖에 보이지 않는다. 딱히 눈길을 끌 것이 없다.

누구의 계산인지 몰라도 이때의 성소에는 평당 30억 원이 소요되었다고 한다. 그야말로 화려함의 극치였을 것이다. 하지만 안에 들어갔을 때의 얘기다. 밖에서 보는 모습은 그저 그렇다.

내가 앞에서는 멀리서 성막을 보면 울타리밖에 보이지 않는다고 했는데, 그것은 설명의 편의를 위한 것이었다. 울타리의 높이가 오 규빗이고, 성소를 만드는 널판 길이가 십 규빗이다. 울타리 너머로 성소 지붕도 보인다. 해달 가죽으로 된 성소 지붕은 누구나 볼 수 있다. 그리스도의 비밀은 아는 사람만 알지만 그리스도의 인성은 누구에게나 공개되어 있다.

교회 다니지 않는다고 해서 예수님을 모르는 것이 아니다. 나는 예수님이 공자, 석가, 소크라테스와 더불어 세계 4대 성인 중의 한 사람인 것을 학교에서 배워서 알았다. 세계사 교과서에 그렇게 나와 있었다.

> 우리가 이 보배를 질그릇에 가졌으니 이는 심히 큰 능력은 하나님께 있
> 고 우리에게 있지 아니함을 알게 하려 함이라(고후 4:7)

우리 안에 보배가 있다. 우리는 질그릇에 불과하다. 보배를 나타내려면 질그릇에 광을 낼 것이 아니라 질그릇을 깨뜨려야 한다. 하나님께서 즐겨 영광 받으시는 방법이 질그릇이 깨지는 방법이다. 자기를 부인하는 방법이고, 자기를 낮추는 방법이다. 사람들은 흔히 질그릇에 광을 내고는 하나님께 영광 돌린다고 하는데, 절대 그렇지 않다. 하나님을 높인다는 명분으로 자기가 높아지려는 수작에 사람은 속을 수 있다. 어쩌면 자기 자신도 속을 수 있다. 하지만 하나님은 속지 않으신다.

예전에 어떤 분이 고 3인 아들한테 일 년 동안 교회를 쉬라고 했다는 말을 했다. 행여 대학 떨어지면 하나님 망신 아니냐면서, 열심히 공부해서 좋은 대학 가는 것이 하나님께 영광이라고 했다는 것이다.

자기한테 유리한 일이 하나님께도 영광이면 하나님은 어떤 분일까? 사람에 따라서 얼마든지 그런 생각을 할 수 있다. 세상에서 박수 받는 일이 하나님께도 영광이라고 생각할 수도 있고, 교회는 나중에 가도 되지만 학원은 지금 가야 한다고 생각할 수도 있다. 교회에는 한쪽 발만 걸쳐 놓고 모든 관심이 세상에 있으면 그렇게 된다. 그런데 그런 말을 어떻

게 목사한테 할 수 있을까? 자기 생각이 신앙적으로 옳지 못하다는 사실을 모르기 때문이다. 신앙을 삶의 원칙으로 알지 않고 세상을 사는 방법으로 알면 어쩔 수 없다. 신앙은 자기한테 도움이 될 때만 가치를 갖는다. 어쩌면 그분이 믿는 예수님은 십자가에 달리신 것이 아니라 가이사의 옥좌를 빼앗는 것으로 구원을 선포했을 것도 같다.

하여간 밖으로 드러나는 교회의 모습은 해달 가죽에 불과하다. 전혀 특별할 것이 없다. 예배당 건물도 일반 건축물처럼 세상 법규의 제재를 받는 것과 같다. 건축을 하려면 구청의 허가를 받아야 하고 준공 검사도 받아야 한다. 소방법 적용도 받는다.

이런 해달 가죽을 들추면 붉은 물들인 숫양 가죽이 나타난다. 이것이 무엇을 상징하는지는 쉽게 짐작할 수 있다. 바로 주님의 대속 사역이다. 숫양 가죽에 붉은 물을 들여서 주님의 보혈을 나타낸 것이다. 우리는 주님의 대속 사역을 힘입는 사람들이다.

사람들은 종교를 교양 과목처럼 여기는 경향이 있다. 초등학교 때 바른생활에서 배운 것처럼 다른 사람한테 해 끼치지 말고 착하게 살자는 연장선에 종교가 있는 줄 안다. 누군가 "교회 다니는 사람이 왜 저래?"라고 한다면, 교회 다니는 사람은 착한 줄 알았는데 왜 안 착하냐는 뜻이다.

예전에 원불교를 신봉하는 사람과 얘기를 나눈 적이 있다. 애초부터 그분 얘기를 논박할 마음은 없었다. 그냥 듣고만 있었는데, "하나님이나 석가 같은 위대한 성인이 한 얘기는 전부 다 진리 아니겠느냐?"라고 했다. 석가에 심취해도 훌륭한 사람이 될 수 있다. 인격을 연마하고 성품을 가다듬는 것은 다른 종교로도 충분하다. 단, 거기에는 구원이 없다.

그것이 문제다. 예수를 믿으면 천국 가는 것처럼 불교를 믿으면 극락 가는 것 아니겠느냐고 할 수도 있겠지만, 불교에서 말하는 극락은 존재하지 않는다. 설마 극락이 자연 발생적으로 생겼을까? 극락이 존재하려면 누군가 만들어야 한다. 누가 만들었을까? 천생 그 용의자(?)는 석가일 텐데, 그럼 자기가 극락을 만들어서 자기가 갔다는 얘기일까?

부언하거니와 종교는 교양 과목이 아니다. 이 세상에 수두룩하게 있는 종교 중에서 자기 입맛대로 고르면 되는 것이 아니라 영혼 문제를 다룰 수 있어야 한다.

중학생 때 종교의 발생 기원이 사후 세계에 대한 두려움 때문이라고 배웠다. 지금은 그 말을 인정하지 않는다. 사람은 처음부터 하나님을 섬길 줄 알았다. 그런데 아담, 하와의 범죄로 이것이 왜곡되었다. 그렇게 해서 나타난 이 세상의 수두룩한 종교는 사탄의 물 타기 전략인 셈이다.

하지만 그 사실을 잠깐만 받아들이기로 하자. 죽은 다음에 어떻게 되는지 말할 수 있어야 종교의 자격이 있으면 오직 기독교만 종교의 자격이 있는 셈이다. 그렇다고 해서 우리에게 있는 신앙을 종교라는 단어로 표현하기에는 너무 옹색하다. 이런 맥락에서 나는 '종교'라는 단어를 싫어한다. 신앙은 형태화된 종교 행위가 아니라 삶이어야 하고, 원칙이어야 한다. 인생 목표여야 하고, 삶의 이유여야 한다. 나는 종교 대신 신앙이라는 표현을 쓴다. 우리 삶의 일부가 아니라 전부이기 때문이다.

요컨대 해달 가죽에 머무는 것이 아니라 한 칸 더 들어와서 예수님의 대속 사역을 힘입어야 한다. 해달 가죽에 머무르면 기독교가 이 세상에 있는 수두룩한 종교 중의 하나가 된다. 붉은 물들인 숫양 가죽에 이르러야 참된 종교로서의 의미를 갖게 되고, 거기에서부터 구원이 시작된다.

에덴동산에서 아담, 하와가 죄를 범했을 때 자기들이 벗은 것을 알고는 무화과나무 잎으로 치마를 만들어 입었다. 그런 치마에 내구성이 있을 수 없다. 하룻밤만 지나면 도로 벌거벗은 수치를 드러내야 한다. 그래서 하나님께서 가죽옷을 지어 입히셨다. 가죽옷을 만들려면 짐승 가죽이 있어야 한다. 성경에는 어떤 짐승인지 나와 있지 않지만 아마 양이었을 텐데, 아니라도 달라지는 것은 없다. 아담, 하와의 범죄로 인해서 애먼 짐승이 죽어야 했다. 죄로 인한 대속이 그때 시작된 셈이다.

히브리서 기자가 피 흘림이 없으면 사함이 없다고 했다[8]. 죗값은 죽음으로 치러야 한다. 이것이 주님의 대속 사역이다. 번제단에서 제물이 불타는 것을 보면서 제물과 자기를 동일시하며 애통해 하는 것처럼 주님의 대속 사역을 자기의 일로 받아들이는 것이 구원 얻은 사람의 특징이다. 예수님이 죽을 때 자기는 존재하지도 않았는데 그것이 자기와 무슨 상관이냐고 하는 사람은 구원과 관계없는 사람이다.

그런데 신앙이 예수 믿고 구원 얻는 것에서 멈추는 경우가 있다. 구원을 얻었다고는 하는데 그것이 전부다. 신앙이 자라지 않는다. 아니, 신앙이 자라야 한다는 사실을 모른다. 할 줄 아는 것은 그저 신앙의 유무를 따지는 것이다.

소개팅을 하는 경우에 상대방이 눈, 코, 귀, 입이 있는지 없는지 보지 않고 어느 만큼 잘생겼는지 본다. 한글을 깨쳤는지 묻지 않고 어느 학교를 나왔는지 묻는다. 직업 유무를 따지지 않고 연봉을 따진다. 그런데 신앙을 물을 때는 예수를 믿는지 여부만 묻는다면 뭔가 이상하지 않을까?

---

8   율법을 따라 거의 모든 물건이 피로써 정결하게 되나니 피 흘림이 없은즉 사함이 없느니라(히 9:22)

어떤 집 딸이 맞선을 보았다. 인물, 직업, 집안, 성격, 학벌 할 것 없이 다 마음에 들어서 O.K.했는데, 나중에 누군가 물었다. "그 남자, 교회 다닌대?" 그때서야 '아차'했다. 딸한테 확인해보라고 했더니 다닌다는 것이다. 천만 다행이다. 그럼 된 걸까?

장면을 바꿔보자. 부교역자 시절, 어떤 교인이 "담임 목사님, 주일에는 주례 안 서시죠?"라고 물었다. "그럼요. 주일에 무슨 주례를 서요?"라고 했더니 그분 말씀이 기가 막혔다. "저도 교회 손님을 받아야 하니까 주일에는 안 했으면 좋겠는데 택일해서 주일이 나오면 어떻게 하죠?"

택일을 해서 주일이 아닌 날이 나온 것과 다른 조건으로 이미 마음에 든 상태에서 교회에 다닌다는 사실을 확인한 것 사이에 무슨 차이가 있을까?

모든 사람들이 기왕이면 넓은 집에 살고 싶어 한다. 28평 아파트에 사는 것보다 45평에 사는 것이 좋다. 기왕이면 더 좋은 차를 타고 싶어 하고, 기왕이면 더 좋은 음식을 먹고 싶어 한다. 경차보다 제네시스를 더 좋아하고, 떡볶이보다 한우 갈비를 더 좋아한다. 유감스럽게도 신앙 영역에서는 이런 욕구가 발휘되지 않는다. "이만하면 됐지, 뭘 더 바라느냐?"라는 격이다.

이왕 믿기 시작한 예수를 이제 와서 믿지 않을 수는 없다. 하지만 제대로 믿기에는 세상 욕심이 너무 많다. 예수를 믿는 쪽으로는 최소한의 관심만 할애하고 모든 관심은 이 세상을 위해서 동원한다. 평생 신실하게 살다 죽은 사람보다 죽기 1초 전에 회개하고 천국 간 사람이 더 부럽다. "교회 다니는 것은 좋은데 너무 깊이 빠지면 곤란하다"라는 말에 고개를 끄덕이는 데에는 다 이유가 있다.

성경에 죽기 직전에 회개하고 천국 간 사람이 나온다. 예수님과 함께 십자가에 달렸던 사람이다. 예수님으로부터 "내가 진실로 네게 이르노니 오늘 네가 나와 함께 낙원에 있으리라"라는 말을 들었으니 구원을 얻은 것이 분명하다.

천국에서 그 사람에게 소감을 물으면 뭐라고 할까? "저 같은 사람에게 구원을 허락하신 주님 은혜에 감사할 뿐입니다. 그런데 저는 구원만 얻고, 구원 얻은 사람으로 살아보지는 못했습니다. 그 사실이 못내 안타깝습니다."라고 하지 않을까?

실제로 그런 안타까움으로 고민했던 사람을 알고 있다. 아버지가 그 주인공이다. 아버지는 상당히 늦게 예수를 믿으셨다. 평생 예수를 모르고 사시다가 내가 목사 안수를 받은 다음에야 "아들이 목사인데 아버지가 교회에 안 다니면 어떻게 남들 앞에서 목사 노릇을 하겠느냐?"라며, 아들 앞길을 생각해서 예수를 믿으셨다. 내가 목사 안수를 받은 다음 주일에 바로 교회에 등록하셔서 그다음 날부터 새벽 기도를 빠지지 않으셨다. 그런데 몹쓸 병을 앓아서 6개월 남짓 누워 계시다 돌아가셨다.

아버지께서 돌아가시기 전에 3개월 동안 병수발을 들었다. 아버지는 목을 수술하셨기 때문에 말씀하는 것을 상당히 힘들어 하셨다. 진통제 달라는 얘기, 물 달라는 얘기, 휴지 달라는 얘기를 눈짓, 손짓으로 대신하셨다. 그런데도 하루에 두세 번씩 꼭 하셨던 말씀이 있다. "학… 종, 아… 난… 말이다… 주, 님… 은, 혜로… 구…원은… 얻, 었다만… 아무…것도 한… 것… 없이… 구, 구원만… 얻었으니… 정말… 주, 주님께… 면…목이… 없다… 천, 국에도… 청, 청, 청소부가… 있으면… 열심히… 청, 소라도… 하 겠,는데… 천, 천국에… 청소부가… 있는지… 모르, 겠구나.”

중간에 계속 기침을 하셨기 때문에 별로 길지도 않은 이 문장을 말씀하시는 데 족히 3분은 걸렸던 것 같다. 그런데도 하루에 두세 번씩 이 말씀을 반복하셨다. 예수를 믿는다고 하면서 예수 믿는 사람으로 살아보지 못했다는 사실이 그만큼 가슴에 사무쳤던 것이다.

“젊음은 젊은이에게 너무 아깝다.” 조지 버나드 쇼가 한 말이다. 그 말마따나 그리스도가 그리스도인에게 너무 아까울 수 있다. 구원을 얻기만 하고 구원 얻은 사람으로 살지 않으면 그렇게 된다. 오죽하면 달라스 윌라드 목사가 뱀파이어 크리스천이라는 극단적인 표현까지 썼다. 구원을 얻기 위해서 예수님의 보혈이 필요하다는 사실을 인정하면서도 신자로 살지 않는 사람을 지적한 것이다.

신앙이 있는 것과 없는 것은 비교가 안 된다. 하지만 신앙 유무만 따지는 것은 그리 바람직하지 못하다. 한때 구원 확신을 강조하던 시절이 있었는데, 그 시절에 미처 생각하지 못한 것이 있다. 하나님께는 죽어서 천국 갈 사람이 필요하지 않고 살아서 이 땅에서 하나님 나라를 확장할 사람이 필요하다는 사실이다.

이렇게 구원을 얻었으면 그다음에 나타나는 것이 염소 털로 된 휘장이다. 붉은 물들인 숫양 가죽이 무엇을 의미하는지는 쉽게 짐작이 되는데, 염소 털로 된 휘장은 아리송할 수 있다. 성막이 주님의 사역을 보여주는 것이라면 염소 털보다 양털이 어울릴 것 같기 때문이다. 염소가 주님을 비유할 수도 있을까?

아론은 자기를 위한 속죄제의 수송아지를 드리되 자기와 집안을 위하여 속죄하고 또 그 두 염소를 가지고 회막 문 여호와 앞에 두고 두 염소를 위하여 제비 뽑되 한 제비는 여호와를 위하고 한 제비는 아사셀을 위하여 할지며 아론은 여호와를 위하여 제비 뽑은 염소를 속죄제로 드리고 아사셀을 위하여 제비 뽑은 염소는 산 채로 여호와 앞에 두었다가 그것으로 속죄하고 아사셀을 위하여 광야로 보낼지니라 (레 16:6-10)

히브리력으로 7월 10일이 속죄일이다. 속죄일이 되면 염소 두 마리를 택해서 한 마리는 속죄제 제물로 드리고 다른 한 마리는 멀리 광야로 쫓아내는데, 그전에 이스라엘의 모든 죄를 고하면서 그 염소에게 안수를 한다. 이스라엘의 죄를 염소한테 전가하는 것이다. 그 염소는 이스라엘의 죄를 지고 광야로 쫓겨 간다. 동이 서에서 먼 것같이 이스라엘의 모든 죄과를 이스라엘에게서 멀리 옮기는 것이다. 하나님께서는 우리가 죄와 상관없기를 원하신다.

염소 털로 된 휘장은 우리의 죄 때문에 하나님께 버림받은 그리스도를 보여준다. 말 그대로 "엘리 엘리 라마 사박다니 - 나의 하나님 나의 하나님 어찌하여 나를 버리셨나이까"이다.

십자가가 얼마나 끔찍한 형벌이었는지 예수님도 할 수만 있으면 피하고 싶어 했다는 말을 들은 적이 있다. 뭔가 석연치 않았다. 세상에서도 죽음 앞에서 당당한 사람이 얼마든지 있는데 예수님이 너무 초라해지기 때문이다. 메시야 위신 문제다.

예수님은 십자가에서 감당해야 할 일이 무엇인지 알고 있었다. 십자가에 못 박히는 고통이 문제가 아니다. 하나님과의 관계가 단절된다는 사실이 문제였다. 이스라엘의 모든 죄를 지고 광야로 쫓겨 가는 염소처럼 그 일을 감당해야 했다.

고등학생 때 예수님이 "엘리 엘리 라마 사박다니"라고 외친 사실을 못내 의아하게 여겼던 기억이 있다. 하나님이 예수님을 버리는 일이 어떻게 가능할까? 원래 가능하지 않지만 그때는 가능해야 했다. 이 세상 모든 죄가 예수님께 덧씌워졌기 때문이다. 하나님이 죄와 함께할 수는 없다. 속죄일의 염소가 이스라엘 공동체를 떠나야했던 것처럼 하나님과 예수님 사이가 단절되어야 했다.

예수님이 "아버지여 만일 아버지의 뜻이거든 이 잔을 내게서 옮기시옵소서 그러나 내 원대로 마시옵고 아버지의 원대로 되기를 원하나이다"라고 한 이유가 여기에 있다. 할 수만 있으면 그런 일만은 피하고 싶었다. 예수님에게 하나님과의 관계 단절은 상상도 할 수 없는 일이었다. 그런데 그 일을 감수해야만 이 세상 죄가 해결되는 것을 어떻게 할까?

예수님이 십자가에 달린다고 해서 하나님과 영원히 단절되는 것이 아니다. 십자가에 달려 죽으셨다가 부활할 때까지만 헤어지면 된다. 우리는 아무 생각 없이 예수님이 사흘 만에 부활했다고 한다. 사도신경에도 "장사된 지 사흘 만에 죽은 자 가운데서 다시 살아나셨으며"라고 되어 있다. 하지만 이것은 히브리식 표현이다. 예수님은 금요일에 돌아가셔서 주일에 부활하셨다. 우리식 표현으로는 사흘 만에 부활하신 것이 아니라 사흘째 되는 날에 부활하셨다. 더 구체적으로 따지면 금요일 오후 3시에 돌아가셔서 주일 새벽에 부활하셨다. 하나님이 예수님을 외면한 시간은 40시간 남짓이다. 그래도 그것이 그토록 싫었다.

언젠가 영화배우 송강호 씨에 대한 기사를 읽은 적이 있다. 영화 〈남

극일기〉에 출연하기 위해서 당분간 CF 계약을 체결하지 않기로 했다는 내용이었다. 영화 촬영을 위해서 해외에 체류해야 하기 때문이기도 하지만 맡은 배역의 특성상 수염을 길러야 하기 때문이었다.

그런 결정에 따라서 포기한 CF 모델료가 10억 원대에 이른다고 했다. 10억 원을 벌기 위해서 영화를 찍은 것이 아니라 영화를 찍기 위해서 10억 원을 포기했다. "본업인 영화에 충실할 것이냐, 광고 출연으로 가외 수입을 올릴 것이냐?"라는 문제 사이에서 기꺼이 본업에 충실하기로 결정을 내렸다. "앞으로 평생 영화를 하지 말아야 하는 조건이라면 10억 원도 싫다"가 아니다. 수염을 길러야 하는 배역만 맡지 않으면 된다. 그래도 마다했다.

같은 문제가 우리에게 주어지면 어떻게 될까? "앞으로 평생 예수를 믿지 않으면 10억 원 주마"라는 제안은 뿌리칠 수 있을지 모르겠다. 한 달 동안 예수 믿지 않는 조건으로 1억 원은 어떨까? 군이 1억 원씩 얘기할 이유가 없을 것 같다. 천만 원만 얘기해도 다 넘어갈 것이다. 예수를 안 믿겠다는 것도 아니고 잠깐 쉬었다 믿겠다는데 뭐가 어떤가?

우리가 이런 부분에서 수시로 속는다. 작정하고 신앙을 버리는 사람은 없다. 하지만 '이번 한 번만'이라는 핑계로 신앙을 보류하려는 사람은 있다. 서양 속담에 따르면 사탄은 디테일에 있다고 한다. 사탄은 언제나 사소한 문제로 접근한다. 사소한 문제가 사소한 문제로 끝나지 않는 것을 알기 때문이다. 하기야 처음부터 지옥을 택할 사람이 어디 있겠는가? 지옥에 이르는 길을 택할 뿐이다.

예수님이 우리 대신 고난을 받으셨으니 우리는 고난을 받지 않아도 된다. 예수님이 십자가 위에서 '엘리 엘리 라마 사박다니'라고 처절하게 부르짖으며 하나님과의 관계 단절을 경험했다. 우리는 하나님과의 관계 단절을 경험할 이유가 없다. 하물며 하나님과의 관계 단절을 자초하는 일은 결단코 없어야 한다.

그래서 현실적인 당부를 드린다. '별수 없다'라는 표현을 잘 분별해서 써야 한다. "이런 경우에는 별수 없다"라고 할 때 별수 없는 것이 어떤 것일까? 신앙일까, 세상일까? "이런 경우에는 신앙을 안 지켜도 별수 없다"라는 말은 우리가 쓸 수 있는 말이 아니다. "이런 경우에는 세상에서 손해 봐도 별수 없다"라야 한다. 이때 손해 보는 것은 돈일 수도 있고 시간이거나 자존심일 수도 있고 목숨일 수도 있다. 죽기에 이르러도 신앙을 포기하지 않은 사람을 순교자라고 해서 그 자손까지 칭송한다. "이런 경우에는 세상을 그만 살아도 별수 없다"라고 한 것이다.

예전에 "일단 먹고살아야 예수도 믿을 것 아닙니까?"라는 말을 들은 적이 있다. 신자도 할 수 없고, 불신자도 할 수 없는 이상한 말이다. 불신자는 "예수도 믿을 것 아닙니까?"라는 말을 하지 않는다. 불신자 머리에는 예수를 믿는다는 개념이 없다. 신자는 "일단 먹고살아야"라는 말을 하지 않는다. 신자는 먹든지 마시든지 무엇을 하든지 하나님의 영광을 위해서 하는 법이다. 신자의 관심은 먹고사는 일에 있지 않고 하나님의 영광을 나타내는 일에 있다. 굳이 얘기를 하려면 "예수를 제대로 믿어야 먹고사는 보람이 있는 것 아닙니까?"라고 할 수는 있겠다. 그런데도 "일단 먹고살아야 예수도 믿을 것 아닙니까?"라는 말이 가끔 들리는 것을 보면 신자도 아니고 불신자도 아닌 사람이 있는 모양이다.

앞에서도 번제단을 통과한 다음 물두멍이 있었다. 우리의 신앙은 칭의로 끝나는 것이 아니라 성화로 이어져야 한다. 구원만 얻으면 되는 것이 아니라 신앙이 더 깊어져야 한다. 그런 모습이 죄에 얼마나 민감한가로 나타난다.

시험을 보면 공부 잘하는 학생과 공부 못하는 학생이 금방 드러난다. 공부 잘하는 학생은 틀린 것을 세고, 공부 못하는 학생은 맞은 것을 센다. 공부 잘하는 학생은 틀린 것이 나올 때마다 안타까워하고, 공부 못하는 학생은 맞은 것이 나올 때마다 좋아한다.

어떤 학생이 시험 망쳤다며 울상 짓는다. 옆에서 친구가 말을 걸어도 짜증만 낸다. 대체 몇 점이냐고 계속 물으니 한 문제 틀려서 97점이라고 한다. 그러면 요즘 애들 쓰는 말로 재수 없을 것이다.

그럼 따져보자. 그 학생이 왜 그렇게 했을까? 친구들한테 밉보이려고 일부러 그랬을 리는 없다. 정말로 안타깝고 속상한 것이다. 지난번에도 다 맞았고, 지지난번에도 다 맞았다. 이번에도 다 맞을 자신이 있었다. 그런데 깜빡 실수로 하나 틀리고 말았다. 친구가 자기는 70점이라며 97점이면 잘 본 것 아니냐고 해도 그 말이 귀에 들어오지 않는다.

우리가 죄에 대해서 그렇게 민감해야 한다. 그런데 현실은 그렇지 않다. 자기가 죄인이라고 말은 하는데, 교리적으로 암송된 타령에 불과하다. 누군가 기도 중에 "이 부족한 죄인, 간절히 구하옵기는…"이라고 했다고 하자. 그 사람이 무엇을 구해야 할까? 자기를 부족한 죄인이라고 했으면 자기의 부족을 채우고 죄에서 벗어나는 것이 급선무 아닐까? 그런데 죄다 엉뚱한 것만 구한다. 자기가 부족한 죄인이라는 사실이 별로 심각하지 않은 것일까?

어떤 할머니가 있었다. 늘그막에 며느리의 전도로 교회에 다니게 되었다. 어느 정도 기간이 지나서 세례를 받을 때가 되었는데 문제가 생겼다. 워낙 연세가 높아서 세례문답 공부가 되지 않는 것이었다. 고민하던 며느리가 한 가지 처방을 생각해냈다.

"예수님이 누구 죄 때문에 돌아가셨느냐고 목사님이 물을 것입니다. 그러면 '내 죄 때문에 돌아가셨습니다'라고 대답하세요. 그러면 됩니다." 그렇게 신신당부하고는 몇 번이나 연습을 했다. 드디어 세례를 받는 날이 되었다.

목사가 물었다. "예수님이 누구 죄 때문에 돌아가셨습니까?" 할머니가 얼른 대답하지 못하고 머뭇거렸다. 목사가 다시 물었다. "예수님이 누구 죄 때문에 돌아가셨습니까?" 할머니가 며느리 눈치를 살피자, 목사가 다시 물었다. "예수님이 누구 죄 때문에 돌아가셨습니까?" 그때서야 기어들어가는 목소리로 대답했다. "제 며느리 죄 때문에 돌아가셨습니다."

주변에서 흔히 말하는 죄인의 개념이 이런 식이다. 말로는 죄인이라고 하는데, 죄에 대한 감각이 없다. 앵무새처럼 소리만 낸다. 자기가 왜 죄인인지도 모르고, 그 죄가 얼마나 심각한지도 모른다.

죄가 그렇게 피상적인 것이라면 예수님이 왜 십자가에 달리셨을까? 죄는 상당히 실제적이다. 우리의 가치 판단과 사고 기준에 깊숙하게 스며 있는데 우리가 모를 뿐이다. 그런 죄를 멀리할수록 경건한 사람이다. 바울이 데살로니가전서에서 말한 것처럼 악은 어떤 모양이라도 버려야 한다. 사탄이 디테일에 있다면 무릇 신자는 디테일에 충실한 사람이 되어야 한다.

죄를 멀리하려면 어떻게 하면 될까? 교회에서 가장 강조하는 것이 믿음이니까 믿음이 좋으면 될 것 같은데, 믿음이 좋아지려면 어떻게 하면 될까?

믿음은 하나님을 아는 지식에 비례한다. 특히 히브리 사람들한테 지식은 정보의 영역이 아니라 체험의 영역이었다. 어떤 사람의 이력서나 자기 소개서를 보고 아는 것은 아는 것이 아니다. 그 사람과 직접 교제해서 알아야 아는 것이다.

아담이 그의 아내 하와와 동침하매 하와가 임신하여 가인을 낳고 이르되
내가 여호와로 말미암아 득남하였다 하니라(창 4:1)

관주성경에는 '동침하매'에 1)이 있고, 관주에는 '히, 알게 되매'라고 되어 있다. 우리말 성경에는 '동침하매'로 번역되었지만 히브리어를 직역하면 '알게 되매'라는 뜻이다. 아담이 하와를 알았더니 하와가 임신해서 가인을 낳았다.

아들을 낳기까지 동침하지 아니하더니 낳으매 이름을 예수라 하니라(마 1:25)

'동침하지 아니하더니'라고 할 때 '기노스코(γινωσκω)'가 쓰였는데 역시 '알다', '깨닫다'로 번역되는 단어다. 영어 know에서 묵음 k가 쓰이는 이유가 '기노스코'에서 유래했기 때문이다.

우리가 하나님을 안다는 얘기가 그렇다. "하나님은 전지전능하시다고 하더라", "하나님이 이 세상의 주인이라고 하더라"라는 사실에 고개를 끄덕이는 것은 하나님을 아는 것이 아니다. 하나님이 전지전능하시다는 사실을 직접 체험해야 하고, 하나님이 이 세상 주인임을 삶으로 고백해

야 한다. 그런 식으로 하나님을 알수록 믿음이 좋은 것이다.

부교역자가 한 명인 어떤 교회가 있다고 하자. 부교역자가 부임한 지 3개월쯤 지났다. 교인들한테 A4 용지 한 장씩 나눠준 다음에 "새로 온 부교역자에 대해서 아는 대로 쓰시오"라고 하면 어떤 결과가 나올까? 서너 줄이나 대여섯 줄을 쓰는 사람도 있겠지만 부교역자 이름을 모르는 사람도 있을 것이다. 부교역자에 대해서 많이 쓸수록 신앙이 좋다고 단언할 수는 없어도 전혀 무관하지는 않을 것이다. 교회 생활을 어떻게 하는지와 관계가 있기 때문이다.

부교역자를 어느 만큼 아느냐가 그 사람의 교회 생활과 관계있다면, 하나님을 어느 만큼 아느냐 하는 것은 당연히 신앙 척도가 된다. 반대의 경우도 성립한다. 하나님을 알수록 신앙이 좋은 것과 마찬가지로 인간을 알수록 신앙이 좋은 것이다. 칼뱅이 말한 것처럼 하나님에 대한 지식과 인간에 대한 지식은 비례하는 법이다. 인간을 안다는 얘기는 곧 인간과 죄의 관계를 안다는 뜻이다.

그 죄가 해결된 것이 십자가인데 사람들은 주로 십자가에서 하나님의 사랑만 생각하는 경향이 있다. 눈을 게슴츠레 뜨고는 "아! 예수님, 날 위해 죽으시고…" 하는 감상적인 분위기를 연출하는 것이다.

십자가를 보면서 눈물 한 방울 흘려본 경험이 없는 것은 곤란하다. 그렇다고 해서 징징 짜는 것이 신앙일 수는 없다. 왕년에 십자가 앞에서 눈물 한 번 안 흘려본 사람이 어디 있겠는가? 일단 울었으면 그다음에는 눈물 닦고 말똥말똥한 정신으로 신앙생활을 해야 한다. 하나님이 어떤 분인지 냉정하게 생각할 수 있어야 한다.

성경은 감상적인 책이 아니다. 성경의 기록은 다분히 논리적이고 객

관적이다. 예수님의 마지막 모습조차도 "예수께서 비틀거리는 발걸음으로 골고다에 올라가시니라. 그 등은 채찍으로 인해서 성한 곳이 없었고 발걸음마다 핏자국이 선명하더라. 보는 사람마다 흐느껴 우니 사방에서 울음소리가 그치지 아니하더라."라는 식으로 기록하지 않았다. 우리의 감성을 자극하려는 어떤 시도도 없다. 있었던 일을 담담하게 전할 뿐이다.

우리는 십자가를 보면서 감상에 젖기 이전에 하나님이 죄를 어느 만큼 싫어하시는 분이기에 그 아들까지 죽이셨는지를 생각해야 한다. 그런 자각을 토대로 우리를 향한 하나님의 사랑을 인식해야 한다. 죄에 대한 자각 없이 한꺼번에 사랑으로 건너뛰면 값싼 사랑이 되고 만다. 하나님을 마음씨 좋은 할아버지처럼 여기는 것이다. 설마 하나님이 우리가 무슨 일을 하든지 마냥 "오냐, 오냐" 하시는 분일까? 디트리히 본회퍼는 그의 책 〈나를 따르라〉에서 회개 없는 용서를 값싼 은혜라고 일갈했다.

어렸을 적에는 돈을 벌어서 쓰지 않고 부모한테 받아서 쓴다. 처음부터 돈을 벌어서 쓰면 누구든지 규모 있게 쓸 것이다. 공짜로 생긴 돈을 쓰니 규모 있게 쓰기가 힘든 것이다.

이 내용을 율법과 복음의 관계에 적용할 수 있다. 본래 복음은 율법의 토대 위에 있어야 한다. 율법의 무게를 절감한 다음에 복음을 접하면 복음이 얼마나 귀한 것인지 저절로 알게 된다. 율법을 건너뛴 채 바로 복음을 접하니 복음이 얼마나 귀한 것인지 모르는 것이다. 죄의 무게를 고민해보지도 않았는데 죄 사함을 선포하니 죄가 무서울 까닭이 없다. 신앙이 물러터진 데에는 다 이유가 있다.

신학대학원을 졸업하고 용산구에 있는 E교회에서 부교역자 생활을 시작했다. 그때 청년들 때문에 상당히 속을 썩였던 기억이 있다. 토요일에 청년 예배가 있었는데 보통 한 명 아니면 두 명이 참석했다. 참석 인원이 없어서 혼자 거울을 세워 놓고 설교를 한 적도 있다. 주일낮예배에 출석하는 청년은 스무 명이 넘는데도 그랬다. 궁리 끝에 청년들한테 매주 편지를 썼다. 청년들의 신앙을 지도하는 것이 내 책임인데 통 모이지 않으니 궁여지책으로 그렇게 한 것이다. 그런 편지를 읽으면서 "새로 온 전도사, 어지간히 극성이구나."라고 생각하는 것과 "이렇게까지 하는 것을 보니 우리가 어지간히 안 모이는구나."라고 생각하는 것은 엄연히 다르다. 그리고 어느 쪽이 신앙에 유익한지는 뻔하다.

십자가가 바로 그렇다. 다짜고짜 사랑을 떠올리면 안 된다. 죄에 대한 자각이 선행되어야 한다. 그 죄에 대해서 경악하면 경악할수록 신앙이 좋은 것이다. 죄는 절대 남의 일이 아니다.

고위 공직자가 뇌물을 받았다는 뉴스가 나오면 다 혀를 찬다. 혀를 차는 사람은 어떤 사람일까? 불의한 재물을 혐오하는 청렴결백한 사람일까? 그보다는 뇌물을 받을 만한 위치에 있지 않은 사람일 확률이 훨씬 많다. 그 자리에 가면 어떻게 될지 아무도 모른다.

그런데 '사랑'에는 수긍하면서 '죄'에 대해서는 자책이 없는 경우가 왕왕 있다. 말로는 죄인이라고 하면서 속으로는 "그래도 너보다 낫다"라고 생각하는 모양이다. 물론 남보다 나을 수 있다. 하지만 신앙은 상대평가가 아니고 절대평가다. 신앙은 자기가 어느 만큼 하나님께 가까이 가는지로 따지는 것이지, 자기가 어느 만큼 남보다 나은지로 따지는 것이 아니다. 굳이 비교 대상을 찾으려면 주변을 둘러볼 것 없이 거울을 보면 된다. 다른 사람보다 나아야 할 이유가 없다. 어제의 자기보다 나으면 그것으로 충분하다.

한마디로 정리하면 죄에 대해서 민감할수록 신앙이 깊어지는 법이다. 이것을 상징하는 것이 염소 털로 된 휘장이다.

염소 털로 된 휘장을 들추면 청색 자색 홍색실과 가는 베실(흰색)로 그룹을 정교하게 수놓아 만든 휘장이 나온다. 여기에 나오는 네 가지 색깔은 예수님의 속성을 나타낸다는 사실을 앞에서 확인했다.

그룹은 하나님의 친위대 역할을 하는 천사를 말한다. 대통령 경호원이 대통령 주변을 지키는 것처럼 그룹이 수놓아져 있다는 얘기는 그곳에 하나님이 계시다는 뜻이다. 하나님의 임재를 상징한다.

이처럼 네 겹으로 된 성소 덮개는 내부로 들어갈수록 점점 더 아름다워짐을 알 수 있다. 구원이 없던 상태에서 구원을 얻고, 점점 더 죄를 멀리하며 신앙이 깊어져서 하나님을 직접 뵙는 것이다.

> 스데반이 성령 충만하여 하늘을 우러러 주목하여 하나님의 영광과 및 예
> 수께서 하나님 우편에 서신 것을 보고 말하되 보라 하늘이 열리고 인자
> 가 하나님 우편에 서신 것을 보노라(행 7:55-56)

스데반의 순교 직전 모습이다. 이 말을 하고는 돌에 맞아 죽는다. 그때 스데반이 본 것이 성소 안에 있는 휘장과 일맥상통하는 광경이었을 것이다. 적어도 그 정도를 보았으니까 돌에 맞아 죽어가면서도 "주여 이 죄를 저들에게 돌리지 마옵소서"라는 기도를 할 수 있었지, 맨정신으로는 못했을 것이다.

스데반은 자기가 곧 죽는다는 사실을 알았다. 그리고 저기 주님이 보인다. 잠시 후에 만날 것이다. 자기를 돌로 치는 사람들을 빨리 용서해야 한다. 그렇지 않으면 용서하지 못한 찜찜함을 품은 채 주님을 만나야 하기 때문이다. 용서할 수 있는 기회가 지금뿐이다. 이 기회를 놓치면 영원토록 난처한 마음으로 주님과 같이 지내야 한다.

스데반이 돌에 맞아 죽어가면서도 "주여 이 죄를 저들에게 돌리지 마옵소서"라고 기도할 수 있었던 원동력이 여기에 있다. 우리의 신앙이 이렇게 되어야 한다. 해달 가죽이나 붉은 물들인 숫양 가죽, 염소 털로 된 휘장에서 끝나는 것이 아니라 성소 내부로 들어가서 주님의 임재를 직접 볼 수 있어야 한다.

한때 그 신앙이 염소 털로 된 휘장에 머물렀던 대표적인 사람으로 욥을 들 수 있다. 흔히 욥을 인내의 화신으로 얘기하는데, 성경에서 욥을 소개하는 이유는 그의 인내를 알리기 위해서가 아니다.

사람들이 욥을 오해하는 이유는 시작이 너무 멋있기 때문이다. 성경은 욥을 온전하고 정직하여 하나님을 경외하며 악에서 떠난 자라고 소개한다. 그런 욥이 전 재산과 자식들을 다 잃은 다음에 "내가 모태에서 알몸으로 나왔사온즉 또한 알몸이 그리로 돌아가올지라 주신 이도 여호와시요 거두신 이도 여호와시오니 여호와의 이름이 찬송을 받으실지니이다(욥 1:21)"라고 한다. 혀를 내두를 만한 신앙고백이다.

욥기는 42장으로 되어 있다. 이런 고백이 42장에 기록되었으면 흔히 떠올리는 욥의 이미지가 맞다. 욥은 고난 중에도 신앙을 지킨 사람이다. 그런데 1장에 기록되어 있다.

영화를 시작하자마자 결혼하는 장면이 나왔을 때와 결혼하는 장면으로 영화가 끝났을 때는 스토리가 다른 법이다. 결혼하는 장면으로 끝이 났으면 그 영화는 남녀 주인공이 어떤 과정을 거쳐서 결혼에 골인하는지 보여주기 위한 것이다. 결혼하는 장면으로 시작하면 그때는 얘기가 달라진다. 결혼이 그 영화 줄거리의 전제가 된다. 욥기도 그렇다. "주신 이도 여호와시요 거두신 이도 여호와시오니…" 하는 멋들어진 말 한마디로 욥을 평가하는 것은 섣부른 단견이다. 1장에서 그처럼 멋있는 고백을 한 욥이 나중에 어떻게 되는지 봐야한다.

> 내가 주께 대하여 귀로 듣기만 하였사오나 이제는 눈으로 주를 뵈옵나이다 그러므로 내가 스스로 거두어들이고 티끌과 재 가운데에서 회개하나이다(욥 42:5-6)

욥이 회개한다. 욥에게 회개할 잘못이 있었다는 뜻이다. 욥이 무엇을 회개했을까?
욥이 어떤 사람이었는지 처음으로 돌아가 보자.

> 우스 땅에 욥이라 불리는 사람이 있었는데 그 사람은 온전하고 정직하여 하나님을 경외하며 악에서 떠난 자더라 …(중략)… 그의 아들들이 자기 생일에 각각 자기의 집에서 잔치를 베풀고 그의 누이 세 명도 청하여 함께 먹고 마시더라 그들이 차례대로 잔치를 끝내면 욥이 그들을 불러다가 성결하게 하되 아침에 일어나서 그들의 명수대로 번제를 드렸으니 이는 욥이 말하기를 혹시 내 아들들이 죄를 범하여 마음으로 하나님을 욕되게 하였을까 함이라 욥의 행위가 항상 이러하였더라(욥 1:1-5)

욥은 온전하고 정직한 사람이었다. 하나님을 경외하며 악에서 떠난 사람이었다. 자식들이 잔치를 베풀고 나면 혹시 알지 못하는 사이에 범한 죄가 있지 않을까 싶어서 번제를 드리기도 했다.

문제는 이것이 신앙의 고갱이가 아니라는 사실이다. 욥은 죄를 범하지만 않으면 할 일을 다 한 줄 알았다. 하루아침에 알거지가 되었을 뿐만 아니라 열 명이나 되는 자식을 다 잃고 재 가운데 앉아서 질그릇 조각으로 자기 몸을 긁어야 할 만큼 온몸에 난 종기에 시달리면서도 하나님을 원망하지 않았다.

그것이 전부였다. 나중에 욥의 세 친구가 와서 얘기를 시작하자, 계속 불평을 늘어놓는다. 욥의 친구들이 "너한테 이런 일이 있는 것을 보니 남이 모르는 죄가 있는 것이 분명하다. 얼른 회개해라."라고 다그치자, "나는 결백하다. 하나님이 대체 왜 이러시는지 모르겠다. 하나님과 담판이라도 짓고 싶다."라고 항변한다. 욥 생각에 하나님이 착오를 범하지 않은 이상, 자기는 고난이 있으면 안 되는 사람이었다.

욥이 죄를 범하지 않은 것은 맞다. 하지만 신앙은 어느 만큼 신의 성품에 참여하느냐로 가늠해야 한다. 죄를 안 짓는 것으로는 모자라다. 욥의 고백처럼 하나님께 대하여 귀로 듣기만 하던 수준에 머무를 것이 아니라 눈으로 뵙는 수준까지 가야 한다.

이 사실을 놓치면 죄를 안 짓기에 급급해진다. 고작해야 하나님을 원망하지 않는 것을 최고 수준으로 알 만큼 신앙이 옹색하게 된다. 하나님을 경외하여 악에서 떠나기만 하면 되는 것이 아니라 그보다 더 고급한 수준이 있는 것을 알아야 한다. 우리는 하늘에 계신 우리 아버지의 온전하심과 같이 온전해져야 하는 사람들이다.

주변에서 흔히 볼 수 있는 오류 중 하나가 예배 참석을 곧 신앙생활로 여기는 것이다. 설마 예배를 안 빼먹는 것이 신앙의 전부일까? 우리가 예배를 드리는 이유가 예배를 안 빼먹기 위해서일까? 예수님이 우리로 하여금 주일예배 안 빼먹는 사람이 되게 하려고 십자가에 달리셨을까? 우리에게 있는 신앙은 그렇게 구차한 모습으로 나타나는 것이 아니다.

욥기가 도저히 이해되지 않는다는 얘기를 들은 적이 있다. 하나님이 욥의 재산을 두 배로 많아지게 하신 것은 그렇다 쳐도, 잃어버린 자녀들은 어떻게 되느냐는 것이었다. 욥에게는 아들 일곱과 딸 셋이 있었다. 그런데 고난 중에 다 잃고 나중에 다시 아들 일곱과 딸 셋을 얻었다. 세 딸의 이름이 여미마, 굿시아, 게렌합북인데, 모든 땅에서 욥의 딸들처럼 아리따운 여자가 없었다고 한다. 그것이 뭐 그리 대단한 사실일까?

일리 있는 지적이다. 자식을 앞세운 슬픔을 무엇으로 위로한단 말인가? 부모를 잃으면 고아라고 하고, 남편을 잃으면 과부, 아내를 잃으면 홀아비라고 하는데, 자식을 앞세운 경우를 가리키는 말은 없다. 우리가 사는 세상에서 그런 일은 있으면 안 되기 때문이다. 욥이 그런 경우를 당했다. 나중에 같은 숫자의 자식을 얻었다고 해서 위로가 될까?

우리는 하나님을 모른다. 하나님을 만난다는 사실이 무엇을 의미하는지도 모른다. 욥은 하나님을 본 사람이다. 자기가 하나님께 대하여 귀로 듣기만 하다가 눈으로 뵙는다고 고백했다. 그것이 얼마나 엄청난 사건인가 하면, 자식을 앞세운 슬픔에 대해서 토를 달지 않을 만큼 엄청난 사건이고, 하나님이 자식을 데려간 것이 납득이 될 만큼 엄청난 사건이다. 그런 일이 어떻게 가능한지 우리는 모른다. 아니, 아직은 모른다. 이다음에 하나님을 뵈면 모든 의문이 풀릴 것이다. 무엇보다 욥이 하나님께

이의를 제기하지 않았다.

한 가지 염두에 두어야 할 사실이 있다. 천국은 이 세상의 모든 좋은 것을 모아 놓은 곳이 아니다. 원하는 것은 무엇이든지 다 이루어지는 곳도 아니다. 천국의 요체는 하나님에 있다.

일제 강점기를 배경으로 하는 영화 〈암살〉에 하와이 피스톨이라는 사람이 나온다. 하와이 피스톨을 어릴 때부터 돌봐준 영감도 나온다. 하와이가 어떤 곳인지 들은 영감이 반색하며 묻는다. "와! 하와이에는 일본 놈은 하나도 없고 여자들은 다 벗고 다녀요? 그럼 천국이네요!" 설마 하나님이 우리를 그런 천국으로 인도하려고 예수님을 죽게 했을까?

천국은 쾌락이 극대화되는 곳이 아니라 거룩이 완성되는 곳이다. 무엇보다 하나님이 계신 곳이다. 우리가 하나님과 완벽한 교제를 나누는 곳이고, 우리 구원이 완성되는 곳이다. 그곳에서 우리가 어떻게 변화되는지, 그곳이 주는 복락이 어떤 것인지 아직은 모를 수밖에 없다.

07

널판

◆

지붕만 있는 건물은 없다. 벽이 있어야 한다. 조각목에 금을 입힌 널판 마흔여덟 장으로 성소 벽을 만드는데, 널판 크기는 너비가 한 규빗 반(68.4cm)이고 길이가 열 규빗(4.56m)이다.

요즘은 예배당이라는 말을 쓰지 않는다. 언제부터인지 예배당을 교회라고 한다. 하지만 성경에서 말하는 교회는 건물이 아니다. 믿는 사람들이 교회다. 하나님의 관심이 우리에게 있지, 건물에 있을 리가 없다.

이런 사실을 감안하면 성소의 벽을 이루는 널판은 교인들에 해당한다. 벽이 있어야 건물이 만들어지는 것처럼 교회에는 교인이 있어야 한다. 교인이 없으면 교회가 아니다. 목사는 없어도 되지만 교인은 있어야 한다. 하나님이 목사 때문에 교인을 모이게 하는 것이 아니라 교인들을 위해서 목사를 세우신다.

널판으로 구성된 성소 외부의 모습

출26:15-30〉 너는 조각목으로 성막을 위하여 널판을 만들어 세우되 각 판의 길이는 열 규빗, 너비는 한 규빗 반으로 하고 각 판에 두 촉씩 내어 서로 연결하게 하되 너는 성막 널판을 다 그와 같이 하라 너는 성막을 위하여 널판을 만들되 남쪽을 위하여 널판 스무 개를 만들고 스무 널판 아래에 은 받침 마흔 개를 만들지니 이쪽 널판 아래에도 그 두 촉을 위하여 두 받침을 만들고 저쪽 널판 아래에도 그 두 촉을 위하여 두 받침을 만들지며 성막 다른 쪽 곧 그 북쪽을 위하여도 널판 스무 개로 하고 은 받침 마흔 개를 이쪽 널판 아래에도 두 받침, 저쪽 널판 아래에도 두 받침으로 하며 성막 뒤 곧 그 서쪽을 위하여는 널판 여섯 개를 만들고 성막 뒤 두 모퉁이 쪽을 위하여는 널판 두 개를 만들되 아래에서부터 위까지 각기 두 겹 두께로 하여 윗고리에 이르게 하고 두 모퉁이 쪽을 다 그리하며 그 여덟 널판에는 은 받침이 열 여섯이니 이쪽 판 아래에도 두 받침이요 저쪽 판 아래에도 두 받침이니라 너는 조각목으로 띠를 만들지니 성막 이쪽 널판을 위하여 다섯 개요 성막 저쪽 널판을 위하여 다섯 개요 성막 뒤 곧 서쪽 널판을 위하여 다섯 개이며 널판 가운데에 있는 중간 띠는 이 끝에서 저 끝에 미치게 하고 그 널판들을 금으로 싸고 그 널판들의 띠를 꿸 금 고리를 만들고 그 띠를 금으로 싸라 너는 산에서 보인 양식대로 성막을 세울지니라

17절에서 "각 판에 두 촉씩 내어 서로 연결하게 하되…"라고 했다. 널판을 지지할 수 있는 무엇인가를 만들라는 얘기다. 19절에서는 "스무 널판 아래에 은 받침 마흔 개를 만들지니 이쪽 널판 아래에도 그 두 촉을 위하여 두 받침을 만들고 저쪽 널판 아래에도 그 두 촉을 위하여 두 받침을 만들지며"라고 했다. 널판 밑에 은 받침을 만들라는 얘기다. 마치 기차 레일처럼 은 받침을 두 줄로 만들어서 그 위에 널판을 세우는 것이다. 그리고 촉을 만들어서 은 받침을 지탱한다. 26-27절에서는 "너는 조각목으로 띠를 만들지니 성막 이쪽 널판을 위하여 다섯 개요 성막 저쪽 널판을 위하여 다섯 개요 성막 뒤 곧 서쪽 널판을 위하여 다섯 개이며"라고 했다. 널판으로 성소 벽을 만드는데, 널판을 세운 것으로는 지탱이 안 된다. 은으로 된 받침도 있고, 촉을 내어서 끼울 수 있게 했지만 길이가 십 규빗(4.56m)이나 되는 널판을 지탱하기에는 힘이 모자라다. 그래서 조각목에 금을 입힌 띠를 만들어서 널판을 서로 연결하는 것이다.

여기서 성도의 연합을 볼 수 있다. 우리는 원래 똑같은 모습이 아니었다. 서로 다른 환경에서 자라났는데 그리스도 안에서 하나가 되었다. "이 모든 것 위에 사랑을 더하라 이는 온전하게 매는 띠니라(골 3:14)"라는 말씀이 생각난다.

띠로 널판을 고정시킨 모습

널판 받침은 은으로 만들었다. 성경에서 은은 대가를 지불하는 수단으로 나온다. 예수님 몸값이 은 30이었고, 요셉 몸값이 은 20이었다. 널판이 우리를 상징한다면 대속 수단인 은을 기초로 우리가 서 있는 셈이다. 우리의 기초가 우리를 위하여 자신을 주신 예수님이다.

비록 우리가 이 세상에서 살아가지만 우리의 기초는 이 세상이 아니다. 성경 말씀대로 살면 세상은 늘 우리를 따돌린다. 우리의 정체성이 이 세상에 있지 않고 예수님의 대속 사역에 있기 때문이다. 우리는 노는 물이 다른 사람들이다.

예전에 한 청년에게서 황당한 말을 들었다. 입대 전에 혼전 순결 서약을 했는데, 군대에서 그 말을 했다가 놀림감이 되었다는 것이다. 한숨이 절로 나왔다. 혼전 순결 서약을 한 것이 박수를 받을 일은 될지언정 놀림받을 일은 아니지 않을까?

지난 2024년, 태국 상원에서 찬성 130표, 반대 4표, 기권 17표로 동성결혼을 합법화하는 결혼평등법이 가결됐다. 태국이 네팔과 대만에 이어 아시아 세 번째로 동성혼을 인정하는 나라가 되었다. 남자끼리, 혹은 여자끼리 가정을 이루어서 재산을 공유하고 자녀를 입양할 수 있게 된 것이다.

십수 년 전까지만 해도 동성애는 입에 담기에 민망한 단어였다. 그런데 언제부터인지 동성애를 인정해야 시대 흐름에 맞는 사람이고, 반대하면 시대에 뒤진 사람으로 여기는 세태가 되었다. 어떤 연예인 커플이 혼전 순결을 서약했다는 기사가 뜨자, 누군가 거기에 댓글을 달았다. "잘난 척 하기는… 요즘이 어떤 시대인지 모르나 보네?" 사람들 심리가 참 묘하다. 동성 결혼은 인정하면서 혼전 순결은 인정하지 않는 것이 무슨 심보일까? 세상 풍조가 그렇다. 하나님 앞에 바로 서는 것을 싫어한다. 믿음으로 살면 바보 소리를 듣는다.

상상하는 것조차 뜨악하지만 동성 부부가 자식을 입양했다고 하자. 자기들은 행복을 위한 선택일 것이다. 입양된 아이는 어떻게 되는 것일까? 남자를 엄마라고 부르거나 여자를 아빠라고 부르면서 바른 성정으로 자랄 수 있을까?

세상이 그런 것은 어쩔 도리가 없다. 그들은 자기만 좋으면 되는 줄 안다. 자기가 중요하게 생각하면 정말로 중요한 줄 안다. 문제는 그런 폐단이 교회에 스며들 수 있다는 사실이다. 믿는 사람이라고 해서 일주일 내내 교회 안에서 지내지는 않는다. 교회 밖에서 보내는 시간이 훨씬 많다. 교회 밖에서 만나는 사람들은 죄다 세상 풍토대로 살아가는 사람들이다.

우리가 그런 세상을 살고 있다. 정말 정신 바짝 차리고 살아야 한다. 여차하면 바람에 나는 겨 신세가 될 수 있다.

형제들아 너희를 부르심을 보라 육체를 따라 지혜로운 자가 많지 아니하
며 능한 자가 많지 아니하며 문벌 좋은 자가 많지 아니하도다 그러나 하
나님께서 세상의 미련한 것들을 택하사 지혜 있는 자들을 부끄럽게 하
려 하시고 세상의 약한 것들을 택하사 강한 것들을 부끄럽게 하려 하시
며 하나님께서 세상의 천한 것들과 멸시받는 것들과 없는 것들을 택하사
있는 것들을 폐하려 하시나니 이는 아무 육체도 하나님 앞에서 자랑하지
못하게 하려 하심이라(고전 1:26-29)

성도 한 사람, 한 사람을 상징하는 널판은 본래 말라비틀어진 조각목
이었다. 그런 조각목이 성소의 벽을 이루는 널판으로 변모되었다. 이것
이 하나님이 우리를 부르시는 방법이다. 잘나서 부른 것이 아니다. 잘나
지 않았는데도 불러서 잘나게 만드신다.

세상에서는 능력을 중요하게 여긴다. 능력 있는 사람과 동업하려고
하고, 능력 있는 사람에게 일을 맡긴다. 하나님은 그렇지 않다. 별 볼 일
없는 사람을 택해서 일을 맡기신다. 우리 입에서 "역시 능력 있는 사람
이니까 저런 일도 하는구나"라는 감탄이 아니라 "저 일은 하나님이 하신
일이 분명하다"라는 찬양이 나오게 하신다.

기드온의 삼백 용사가 그런 사례를 보여준다. 미디안은 십삼만 오천
명인데 기드온의 소집에 응한 이스라엘은 삼만 이천 명이었다. 흔한 말
로 중과부적이다. 하나님 생각은 달랐다. 군사가 너무 많다고 했다. 그
래서 삼백 명만 남게 된다. 삼만 이천 명으로 십삼만 오천 명을 이기는
것이 힘들기는 하지만 불가능하지는 않다. 그리고 사람 마음은 화장실
에 들어갈 때와 나올 때가 다른 법이다. 삼만 이천 명으로 싸움에 임할

경우, 처음에는 간절한 마음으로 하나님께 부르짖다가도 싸움에 이기면 자기들의 공로를 내세울 수 있다. 전략이 주효했다고 할 수도 있고, 정신 일도 하사불성이라고 할 수도 있다. 삼백 명으로 이기면 그럴 여지가 사라진다. 하나님이 이기게 하셨다는 말밖에 할 말이 없다.

이런 면에서 바울은 상당히 자주 오해되는 사람이다. 사람들은 그의 업적에 눈이 가려서 무조건 그를 치켜세우는 경향이 있다. 한때 기독교 신자들을 박해했지만 다메섹에서 회심한 다음에는 그의 재능을 기초로 놀라운 업적을 남겼다고도 하고, 하나님께서 그의 재능을 쓰시려고 특별한 은혜를 주셨다고도 한다. 절대 그렇지 않다. 바울은 스스로 고백하기를 만삭되지 못하여 난 자[9]이며, 사도 중에 지극히 작은 자[10]이고, 죄인 중에 괴수[11]라고 했다. 바울이 겸손해서 그런 것 아니냐 싶을 수 있는데 겸손은 유교 문화권에서나 미덕이다.

바울은 헬라 문화권에서 자란 사람이다. 사실을 있는 그대로 말하는 것이 몸에 밴 사람이다. 바울이 살던 시대에는 겸손이라는 개념이 없었다. 바울이 스스로를 만삭되지 못하여 난 자, 사도 중에 지극히 작은 자, 죄인 중에 괴수라고 한 것은 실제로 그렇게 느껴서 한 말이다.

초대교회 당시에 말귀를 제대로 알아듣는 사람은 베드로의 한 번 설교로 삼천 명이 세례받고 오천 명이 회개할 적에 전부 예수를 영접했다. 바울은 워낙 꼴통이다 보니 말귀를 알아듣지 못한 정도가 아니라 신자를 박해하기까지 했다. 예수님이 그런 바울을 불쌍히 여겨서 부르신 것이다.

---

9   맨 나중에 만삭되지 못하여 난 자 같은 내게도 보이셨느니라(고전15:8)
10   나는 사도 중에 지극히 작은 자라 내가 하나님의 교회를 핍박하였으므로 사도라 칭함을 받기에 감당치 못할 자로라(고전15:9)
11   미쁘다 모든 사람이 받을 만한 이 말이여 그리스도 예수께서 죄인을 구원하시려고 세상에 임하셨다 하였도다 죄인 중에 내가 괴수니라(딤전1:15)

바울이 그렇게 많은 업적을 남긴 일차적인 이유는 한곳에 정착하여 목회를 한 것이 아니라 여기저기 순회하면서 목회를 했기 때문이다. 또 신약성경 대부분을 기록한 것은 그의 목회 사역에 문제가 많았기 때문이다. 그가 세운 교회마다 문제가 있었고, 그 문제를 해결하느라고 편지를 썼다. 그것이 오늘날 우리가 보는 성경이다. 그의 탁월한 재능으로 성경이 기록된 것이 아니라 고장 난 목회 사역을 A/S하느라고 보낸 편지가 성경이 된 것이다.

이런 얘기에 동의하지 않아도 된다. 나 역시 다분히 의도적으로 바울을 깎아내렸음을 인정한다. 하지만 바울의 행적에 마냥 감탄하는 것은 성경을 옳게 보지 못한 처사다. 하나님은 바울 같은 사람도 얼마든지 훌륭하게 쓰시는 분이다.

지난 1969년에 중학교 입학시험이 없어졌다. 중학교가 평준화된 것이다. 마침 사촌형이 6학년 때였다. 추첨을 했는데 경기중학교에 배정되었다. 그 무렵은 경기중학교와 경기고등학교를 나오고 서울대학교에 가는 것이 정통 엘리트코스로 얘기되던 시대였다. 고모가 어찌나 좋아하는지 입 벌어진 것이 뒤에서도 보일 정도였다.

아마 명절 때였을 것이다. 친지들이 모인 자리에서 고모가 말했다. "야, 그거, 실력은 어디 안 가는 거더라. 추첨을 했는데도 경기중학교가 딱 나오는 거 봐라." 작은아버지가 말대꾸를 했다. "누님, 그게 실력과 무슨 상관있어요? 어차피 뺑뺑이 돌린 건데…" "야, 모르면 가만히 있어. 그래도 그럴 만한 실력이 있으니까 경기중학교가 나오지, 경기중학교를 아무나 가냐?" 아무도 고모 얘기에 동의하지 않았는데 고모 혼자 끝까지 우겼다. 아무리 추첨이라도 실력이 있으니까 경기중학교에 배정되었다는 것이다.

구원은 하나님의 은혜로 얻는다. 이 사실을 모르는 사람은 없다. 그러면서 마음 한구석으로 딴 생각을 한다. 하나님이 아무한테나 은혜를 주시겠느냐는 것이다. 은혜를 받을 만해서 받으면, 그것이 은혜일까?

성소의 벽이 된 조각목이 자기가 잘나서 선택된 줄 안다면 코미디가 따로 없게 된다. 성소의 벽이 된 다음에는 조각목이었던 예전 모습이 나타나지 않는다. 우리는 언제나 하나님의 은혜에 대한 감사가 나와야 한다. 자랑이 나오면 그것으로 이미 틀린 것이다.

> 그의 안에서 건물마다 서로 연결하여 주 안에서 성전이 되어 가고 너희
> 도 성령 안에서 하나님의 거하실 처소가 되기 위하여 예수 안에서 함께
> 지어져 가느니라(엡 2:21-22)

이것이 성소 널판의 모습이다. 서로 연결되어 함께 완성되는 것이다. 교회에서는 누가 잘났는지 따지지 않는다. 성경에 "네 믿음이 크도다"라는 칭찬은 있어도 "네가 더 훌륭하구나"라는 칭찬은 없다. 중요한 것은 함께 완성되는 것이다.

> 그러므로 주 안에서 갇힌 내가 너희를 권하노니 너희가 부르심을 입은
> 부름에 합당하게 행하여 모든 겸손과 온유로 하고 오래 참음으로 사랑
> 가운데서 서로 용납하고 평안의 매는 줄로 성령의 하나 되게 하신 것을
> 힘써 지키라(엡 4:1-3)

성령의 하나 되게 하신 것을 힘써 지키라고 했다. 신앙은 하나님이 하나로 묶어 놓으신 것을 하나인 상태로 유지하기 위해서 애쓰는 것이다. 우리 주변에 하나 되는 것을 방해하는 요소가 늘 있다는 뜻이다. 그것과 싸우는 것이 신앙이다.

교회에서 서로 의견이 안 맞으면 "에이, 난 안 해!", "저 사람 빼", "잘라! 자르면 되잖아"라고 할 수 있다. 마음 맞는 사람끼리 하면 될 것 아니냐는 얘기다. 일의 효율을 따지면 그럴 수 있다. 하지만 신앙과 관계없는 얘기다. 하나님은 우리가 어느 만큼 잘났는지 보시지 않고 어느 만큼 함께 자라는지 보신다.

지난 2014년, 달리기를 하는데 모두가 손을 잡고 같이 결승선을 통과해서 화제가 된 아이들이 있었다. 용인 제일초등학교 6학년 2반 심윤섭, 양세찬, 오승찬, 이재홍 군이 그 주인공이다. 1등보다 친구가 좋다며, 뒤에 처진 김기국 군의 손을 잡고 같이 달린 것이다.

김기국 군은 연골무형성중을 앓고 있어서 다른 아이들처럼 달릴 수 없었다. 학년이 높아질수록 달리기를 하면 다른 아이들과 격차가 많이 났다. 운동회 날만 되면 학교 가기 싫다고 했다. 그런데 그날은 달랐다. 다른 아이들이 열심히 뛰는 대신 김기국 군을 돌아보며 천천히 뛰었다. 그러다가 김기국 군의 손을 잡고 다 같이 뛴 것이다.

경쟁에서 이기는 것만이 능사가 아닌 것을 아이들도 안다. 하물며 물과 성령으로 거듭났다고 하는 우리일까?

그림으로 보는 것이 성소 내부다. 널판 마흔여덟 장으로 성소 벽을 만드는데, 널판에는 금이 입혀 있다. 또 성소에 있는 떡상과 등잔대, 분향

단도 전부 순금이다. 등잔대에는
스물네 시간 불이 밝혀 있다. 그 불
빛이 금으로 덮인 널판에 반사될
것이고, 그 반사된 빛이 다른 널판
을 통해서 다시 반사된다. 그야말
로 금빛으로 휘황찬란한 전경이
다. 장차 우리가 그런 곳에 갈 것이
다. "와! 대박이다!"라고 하기 전에
먼저 마음을 다잡아야 한다. 그런
곳에 어울리는 사람이 되어야 하

사방이 금인 성소 내부 전경

기 때문이다. 신데렐라가 화려한 왕궁을 보며 마냥 좋아하기 전에 먼저
왕자 비의 면모를 갖추어야 하는 것과 같다.

여기서 널판이 하는 또 한 가지의 일을 확인할 수 있다. 일차적으로 성
소의 형태를 만들지만 그것만이 아니다. 등잔대에서 나오는 빛을 받아
서 그 빛을 다시 반사하는 것이다.

예수님께서 하신 말씀 그대로다.

예수께서 또 말씀하여 이르시되 나는 세상의 빛이니 나를 따르는 자는
어둠에 다니지 아니하고 생명의 빛을 얻으리라(요 8:12)

내가 세상에 있는 동안에는 세상의 빛이로라(요 9:5)

예수님은 세상의 빛이다. 스스로 그렇게 말씀하셨다. 그러면서 우리

에게 "너희는 세상의 빛이라(마 5:14)"라고 하셨다. 일단 예수님이 세상의 빛이고, 그 빛을 받은 우리가 세상의 빛이다. 우리 스스로 빛을 내는 것이 아니라 예수님께 받은 빛을 반사하는 것이다. 달이 태양 빛을 받아서 반사하는 것처럼 성소 널판이 그렇다. 등잔대에서 나오는 빛을 받아서 그 빛을 다시 비춰야 한다. 이것이 성소를 이루는 널판이 했던 역할이고, 지금 우리에게 맡겨진 사명이다.

08

떡상

◆

출 25:23-30〉 너는 조각목으로 상을 만들되 길이는 두 규빗, 너비는 한 규빗, 높이는 한 규빗 반이 되게 하고 순금으로 싸고 주위에 금테를 두르고 그 주위에 손바닥 넓이만한 턱을 만들고 그 턱 주위에 금으로 테를 만들고 그것을 위하여 금 고리 넷을 만들어 그 네 발 위 네 모퉁이에 달되 턱 곁에 붙이라 이는 상을 멜 채를 꿸 곳이며 또 조각목으로 그 채를 만들고 금으로 싸라 상을 이것으로 멜 것이니라 너는 대접과 숟가락과 병과 붓는 잔을 만들되 순금으로 만들며 상 위에 진설병을 두어 항상 내 앞에 있게 할지니라

성소에 들어가면 우측에 떡상이 있다. 떡상에는 언제나 열두 개의 떡이 진설되어 있었다. 이스라엘 열두 지파를 상징한다. "아! 그렇구나." 하고 쉽게 고개를 끄덕이면 안 된다. 이스라엘이 처음부터 끝까지 열두 지파였던 것이 아니기 때문이다.

처음에는 열두 지파로 시작했다. 하지만 솔로몬이 죽자, 남 왕국 유다와 북 왕국 이스라엘로 나라가 분열되었다. 다윗 왕조의 정통성은 남 왕국 유다에 있었는데, 여기에는 두 지파만 남았다. 열두 지파 중 열 지파가 북 왕국 이스라엘에 속하게 되었다. 그런데도 떡은 여전히 열두 개였다. 북 왕국은 주전 722년에 앗수르에게 망했고, 남 왕국은 주전 586년에 바벨론에게 망했다. 북 왕국이 망하고도 남 왕국이 136년 더 존속했다. 그 기간에도 떡상의 떡은 열두 개 그대로였다. 정치적으로 갈라선 것이 떡을 뺄 수 있는 이유가 되지 못했고, 나라가 없어진 것도 그 이유가 될 수 없었다. 열두 개의 떡이 하나님의 백성 전체를 상징한다.

떡상

떡상의 떡은 우리의 참 떡이고 생명의 떡이신 예수님을 의미하기도 한다(요 6:32, 6:48). 예수님께서 태어나신 베들레헴이 떡집이라는 뜻이다. 벧엘은 하나님의 집이라는 뜻이고, 벧아웬은 죄악의 집, 벧세메스는 태양의 집, 벳새다는 물고기의 집, 베다니는 가난한 자의 집, 벧바게는 무화과의 집, 베데스다는 자비의 집이다.

예수님께서 친히 하신 말씀이 있다.

내가 곧 생명의 떡이니 내게 오는 자는 결코 주리지 아니할 터이요 나를
믿는 자는 영원히 목마르지 아니하리라(요 6:35)

나는 하늘로서 내려온 산 떡이니 사람이 이 떡을 먹으면 영생하리라 나
의 줄 떡은 곧 세상의 생명을 위한 내 살이로라(요 6:51)

떡은 다분히 문화적인 표현이다. 영어성경에는 bread라고 되어 있다.
우리말로 옮기면 "내가 곧 생명의 밥이다"라고 해야 한다. 그런데 밥과
빵은 생김새가 다르다. 그래서 떡이라고 했는데, 이것도 문제가 있다.
외국의 빵은 주식이지만 우리가 먹는 떡은 주식이 아니다. 결국 생김새
와 효용 사이에서 선택을 해야 했다. 그렇게 해서 떡으로 번역했는데, 어
쨌든 우리는 예수님을 양식으로 삼는다.

중학생 때의 일이다. 1974년 월드컵 최종 예선에서 우리나라와 호주
가 맞붙었다. 그때 해설자가 우리나라는 밥이 주식인데 호주는 고기가
주식이어서 체력이 달린다고 했다. 그 말을 들으면서, 고기를 먹으면 고
기 먹은 값을 하는 모양이라고 생각했던 기억이 있다. 그렇다면 우리는
예수님을 양식으로 삼은 값을 해야 한다. 모름지기 예수님을 양식으로
삼은 사람다운 면모가 있어야 한다. 우리는 삶의 이유와 목적이 다른 사
람들이다.

그 옛날 안디옥에서 그런 일이 있었다. 안디옥 사람들이 초대교회 교
인들을 그리스도인이라고 부른 것이다. 그전에는 그리스도인이라는 말
이 없었는데 안디옥에서 그 말이 만들어졌다.

아직 그리스도인이라는 말이 만들어지지 않았다고 가정해 보자. 우리

주변 사람들이 우리를 보고 그리스도인이라는 말을 만들까? 만들지 않는다면 무엇이 문제일까? 안디옥의 초대교회 교인들이 유별났던 것이면 그들을 흉보면 된다. 하지만 우리한테 잘못이 있으면 우리를 고쳐야 한다. 고개를 끄덕이는 것으로 끝나면 안 된다. 반드시 고쳐내야 한다. 하나님은 우리의 의지를 통해서 영광 받으시는 것이 아니라 우리의 행위를 통해서 영광 받으신다.

또 떡은 영의 양식인 성경을 상징하기도 한다. 드와이트 무디는 "내가 하루 일과를 시작하면서 하나님의 말씀을 대하기 전에는 밥을 먹지 않겠다"라고 맹세해서 평생 그 맹세를 지켰다고 한다.

주의 입의 법이 내게는 천천 금은보다 좋으니이다(시 119:72)

주일예배 설교 본문이 이 말씀이어서 사회자가 봉독하면 모두 "아멘"이라고 할 것이다. 과연 그럴까? 정말로 천천 금은보다 성경 말씀을 더 좋아할까? 성경 한 구절을 외울 때마다 만 원씩 준다고 하면 기를 쓰고 외울 사람이 수두룩할 것이다. 평소에는 그런 모습이 왜 안 보일까? 그나마 비슷하게 할 때가 딱 한 번 있는데, 수련회 가서 식사 요절 외울 때이다. 먹고사는 문제가 걸려야 흉내라도 낸다.

갓난아기들같이 순전하고 신령한 젖을 사모하라(벧전 2:2a)

갓난아기가 젖을 빼는 모습을 본 적이 있을 것이다. 그 쪼끄만 것이 어디에서 힘이 나는지 상당히 힘차게 빤다. 그렇지 않으면 살지 못하기 때문이다. 갓난아기들이 그렇게 엄마 젖을 빠는 것처럼 하나님의 말씀을 사모하라는 얘기인데, 놀랍게도 명령문이다. 하나님의 말씀을 사모하는 것이 바람직한 일이라고 권유하는 것이 아니라 명령을 한다. 우리 의견을 묻지 않는다. 우리한테는 명령에 따라야 할 책임만 있다.

"암송하는 성경 구절이 몇 절이나 되십니까?"라고 물으면 어떤 대답이 제일 많이 나올까? 대부분 머리가 돌이라서 외우지 못한다고 엄살부터 할 것이다. 그런 분들한테 특별히 알려 드린다. 돌에는 한번 새기면 안 지워진다.

나는 아내와 초등학교 동창이다. 같은 마을에서 같은 교회에 다녔다. 고 2 때, 아내가 무남 7녀의 큰딸이었다. 고 3이 되자 8공주가 되었다. 나는 고향이 제주도이고 대학은 서울에서 다녔다. 대학 다니다 방학해서 내려갔더니 9공주였다. 2학년 마치고 휴학해서 군대 갔다가 휴가를 나왔더니 10공주였다. 나는 처남은 없고 처제만 아홉 명이다. 결혼 직후에는 친구들이 처제 이름을 다 아느냐고 묻곤 했다. 내가 처제 이름을 다 알까, 모를까? 이름만 아는 것이 아니라 생일도 다 안다. 이런 것을 기억력이라고 하지 않는다. 기억력이 아니라 관심이다.

어떤 남자가 같이 근무하는 여자의 생일을 축하한다면서 장미꽃을 선물하는 경우에, 그 꽃을 기억력의 표현이라고 하는 사람은 없다. "자식! 월급을 받았으면 일이나 하지, 쓸데없이 기억력은 좋네." 하고, 애써 기억력에 포인트를 두는 사람이 있다면, 그 여자를 사이에 놓고 서로 눈치를 보는 다른 남자일 것이다.

성경 얘기만 나오면 사람들이 '관심'을 얘기하지 않고 '기억력'을 얘기한다. 차마 관심이 없다는 말은 못하고 애꿎은 기억력을 타박하는 것이다. 그러면서 말로는 시간 나면 성경 본다고 한다. 혹시 시간 나면 돈 버는 사람이 있을까? 단언하거니와 성경은 시간 나면 읽는 책이 아니라 시간 내서 읽는 책이다. 그리고 시간은 저절로 나지 않는다.

성경은 잠 안 올 때 읽으면 좋은 책이라고도 한다. 차마 입에 담을 수 없는 말이다. 예수님이 말씀하시자, 나사로가 살아났다. 죽은 사람도 살리는 것이 말씀인데 성경만 펴면 잠이 온다는 게 무슨 연유일까?

백번 양보해서 그럴 수 있다고 하자. 그런 경우라면 행여 들킬세라 주변 눈치를 살피며 입을 다물어야 하는 것 아닐까? 태연히 그런 말을 하는 것은 자기만 그런 것이 아니기 때문이다. 그렇게 말하면 다 동조할 것을 알기 때문이다. 그러면 그다음에는 성경에 열심을 보이는 사람이 이상한 사람 취급을 받는다. 교인들끼리 모인 자리에서도 아파트 평수 늘리는 얘기를 하고 자녀 학원 보내는 얘기를 해야지, 성경 얘기를 하면 분위기 깨는 사람이 된다. 그러면 성경 얘기는 직장 동료하고 해야 하나?

금연 결심을 돕는 방법 중의 하나가 금연 사실을 주변에 공개하는 것이라고 한다. 어쩌다가 결심이 흔들려도 주변 눈치 때문에 한 번 더 참을 수 있기 때문이다.

예수를 믿는 것도 마찬가지다. 사람은 저절로 훌륭해지지 않는다. 신앙생활을 잘할 수 있는 여건을 만들어야 한다. 그중에 한 방법이 사람들 앞에서 예수 믿는 티를 내는 것이다. 그러면 회식 자리에서 억지로 술을 권하는 사람도 줄어들 것이다.

그런데 그 반대 모습이 보인다. 열심히 예수 믿는 티를 내는 것이 아니라 애써 그 사실을 감추는 것이다. 가급적 예수 믿는 티를 내지 않으려고 한다. 신앙이 자라려면 신앙이 자랄 만한 일을 해야 하는데, 신앙에 도움 되는 일을 일부러 안 하니 예수를 10년 믿어도 맨날 제자리다. 문득 궁금해진다. 혹시 있는 신앙을 감추는 것이 아니라 감출 신앙이 없는 것은 아닐까?

어떤 사람이 말했다. 회식 자리에서 한사코 술을 거부하면 자기 때문에 분위기가 깨지는데, 그것도 바람직한 일은 아니라는 것이었다. 왜 분위기가 깨지는 것만 신경 쓰고 자기 영성에 흠이 가는 것은 신경을 안 쓸까? 이런 경우가 그렇다. 영성에 흠이 가는 것에 신경을 안 쓰는 것이 아니라 신경 쓸 영성이 없는 것일 수 있다. 예수님도 죄인의 친구였다고 둘러댈 것 없다. 예수님은 죄를 짓지 않았다.

각설하고, 성령님이 역사하시는 가장 주된 통로가 말씀이다. 성령님은 말씀과 함께 역사하기를 좋아하신다. 우리가 말씀을 많이 알수록 성령님께서 더욱 풍성하게 역사하신다.

친구들끼리 농담을 해도 알아들어야 재미있다. 수준이 맞아야 농담도 가능하다. 기껏 재미있는 얘기를 했는데 눈만 껌뻑거리면 얘기한 사람만 민망해진다. 농담을 한 다음에 그 농담을 설명하는 일은 정말 재미없다.

지난 1995년에 이집트, 요르단, 이스라엘을 탐방한 적이 있다. 흔히 성지 순례라고 하는데, 국어사전에서 성지 순례를 찾으면 "순례자가 종교적 의무를 지키거나 신의 가호와 은총을 구하기 위해서 성지, 또는 본산(本山) 소재지를 차례로 찾아가 참배하는 일"이라고 설명되어 있다. 이슬람에서 메카를 찾는 것은 성지 순례가 맞지만 우리한테는 그런 개념이 없다. 기독교 유적지 탐방이 맞는 표현이다. 성지 순례라고 하면 특정 장소를 찾아가는 일이 신앙 선행인 것 같은 느낌이 드는데, 그 또한 옳지 못하다. 하여간 그때 가이드한테서 십계명 돌판이 두 개인 이유를 들었다. 하나님이 처음에는 이스라엘이 아니라 프랑스를 택했다고 한다.

"여봐라! 너희 프랑스 사람들아, 내가 너희에게 십계명을 주겠노라."

"거기에 뭐가 적혀 있습니까?"

"너희는 나 외에 다른 신을 섬기지 말지니라. 우상을 만들지 말지니라. 살인하지 말지니라… 간음하지 말지니라."

"예? 뭐요?"

"간음하지 말지니라."

"하나님! 됐습니다. 저희들은 그거 안 받겠습니다."

하나님이 이탈리아 사람들을 불렀다.

"여봐라! 너희 이탈리아 사람들아, 내가 너희에게 십계명을 주겠노라."

"거기에 뭐가 적혀 있습니까?"

"너희는 나 외에 다른 신을 섬기지 말지니라. 우상을 만들지 말지니라. 살인하지 말지니라… 도적질하지 말지니라."

"예? 뭐요?"

"도적질하지 말지니라."

"아이고, 하나님! 싫습니다. 그거 안 받겠습니다."

하나님이 속절없이 이스라엘 사람들에게 말씀하셨다.

"여봐라! 너희 히브리 사람들아, 내가 너희에게 십계명을 주겠노라."

"그거 얼맙니까?"

"마! 공짜다. 공짜!"

"그럼 두 개 주십시오."

이렇게 해서 십계명 돌판이 두 개가 되었다고 했다. 이런 우스갯소리를 들으면 누구나 웃을 수 있다. 그래도 기왕이면 "프랑스는 성도덕이 문란하다", "이탈리아에는 좀도둑이 많다", "유대인은 돈을 밝힌다"라는 사실을 알면 얘기를 더 재미있게 들을 수 있다.

말씀을 아는 것이 그렇다. 아는 만큼 신앙이 풍성해진다. 그런데 주변에서 보이는 모습은 정반대다. 성경을 모른다는 말을 태연하게 한다. 그것을 부끄럽게 여기지도 않는다.

부교역자 시절에 구역예배를 인도하고 다과를 나누는 자리에서 한 분이 말씀하셨다. "나는 교회만 오래 다녔지. 성경은 하나도 몰라요." 성품이 겸손해서 하는 말이면 좋겠는데, 과연 그럴까? 어떤 회사의 이사가 "나는 근무만 오래 했지. 회사 일은 하나도 몰라."라고 하는 게 가능할까? 옆에 있던 공장장도 한마디 거든다. "나도 공장장이기는 하지만 공장 일은 하나도 몰라요." 다른 데서는 가능하지 않은 말이 왜 유독 교회에서는 가능한지 모르겠다. 그야말로 총체적인 난국이다. 하나님의 백성이 하나님 말씀에 무지한 것이 희극일까, 비극일까?

교회에서 흔히 볼 수 있는 모습 중에 은근히 재미있는 모습이 있다. 누군가를 전도한 다음 성경을 선물하는 것이다. 자기는 일 년 내내 한 줄도 안 읽으면서 왜 선물할까? 아마 읽으라고 선물하는 것이 아니라 갖고 다니라고 선물하는 것이 아닐까 싶다. 그러면서 성경은 하나님 말씀이라고 한다.

스마트폰이 일반화되기 전의 일이다. 교인들에게 하루에 TV를 얼마나 보느냐고 물으면 대부분 바빠서 볼 틈이 없다고 대답했다. 전혀 안 보느냐고 물으면 그렇지는 않고, 뉴스와 다른 프로그램 합해서 한 시간 정도 본다고 했다. TV 한 시간 보는 것을 거의 안 보는 것으로 여겼다. 성경을 하루에 한 시간 읽는 것은 어떨까? 언제부터인지 스마트폰이 TV의 자리를 대신하고 있다. 요즘은 누구나 스마트폰 삼매경에 빠져 지낸다. 소돔에 의인 열 명이 없었던 것처럼 지금은 성경 하루에 한 시간 읽는 사람 열 명이 없을 것 같다.

"저 사람 참 남자답다"라는 말이 칭찬일까, 욕일까? 이 말 자체로는 분간이 안 된다. 남자한테 하면 칭찬이고 여자한테 하면 욕이다. "저 사람 참 신자답다"라는 말은 어떨까? 혹시 우리가 불신자라면 비아냥거리는 소리일 것이다. 하지만 신자라면 그보다 더 큰 칭찬은 없다. 우리가 그런 칭찬을 들어야 하는 사람들이다. 그 첫걸음이 성경을 읽는 것에서 말미암을 것이다.

성소에 들어가면 정면에 분향단이 있고, 오른쪽에 떡상, 왼쪽에 등잔대가 있다. 떡상의 떡은 안식일마다 새것으로 바꾸었다. 떡상에 항상 새로운 떡이 있었던 것처럼 하나님 말씀은 항상 새롭게 받아야 한다.

아무리 밥을 많이 먹어도 다음날 식사를 미리 할 수는 없다. 짬뽕 곱빼기 두 그릇 먹고 그 국물에 밥을 말아서 먹어도 그것은 한 끼 식사다. 시간이 지나면 배가 고파진다. 우리의 신앙도 그렇다. 그날 양식을 그날 예비하듯이 은혜는 늘 새롭게 받아야 한다. 흘러간 물로는 물레방아를 돌릴 수 없는 것처럼 예전에 받았던 은혜를 우려먹으면서 신앙생활을 할 수는 없다.

구약성경에서 우리의 구원을 가장 잘 보여주는 사건이 이스라엘의 출애굽이다. 홍해를 건너는 장면은 글로 읽어도 신명나는데, 직접 홍해를 건넌 이스라엘은 얼마나 신났을까?

출 14:21에 "모세가 바다 위로 손을 내밀매 여호와께서 큰 동풍이 밤새
도록 바닷물을 물러가게 하시니 물이 갈라져 바다가 마른땅이 된지라"
라고 되어 있다. 당시 상황을 상상해보자. 홍해가 어떻게 갈라졌을까?
모세가 있는 쪽에서 갈라지기 시작해서 건너편까지 갈라졌을까, 아니면
이쪽에서 저쪽까지 한꺼번에 쫙 갈라졌을까? 그때 하나님은 동풍으로
홍해를 가르셨다. 동쪽이면 홍해 건너편이다. 건너편에서 갈라지기 시
작해서 이스라엘이 있는 앞까지 갈라진 것이다. 이스라엘은 멀리서부터
홍해가 갈라져 오는 것을 보았다. 얼마나 전율을 느꼈을까? 급기야 좌우
에 물 벽이 쌓였고 바닥은 마른땅이 되었다. 자기들은 그 사이를 건넜고
자기들을 추격해오던 애굽 군인들은 전부 거기 빠져 죽었다. 살아생전
다시 누리기 힘든 감격이었을 것이다.

그다음에 어떻게 되었을까? 하나님께서 자기들을 지켜주신다는 사실
을 깨닫고 시종일관 감사하는 마음으로 신앙생활을 했을까? 어림도 없
다. 그런 엄청난 감격을 체험했으면서도 사흘 지난 다음부터 불평을 시
작했다.

은혜는 언제나 새롭게 받아야 한다. 이것이 안 되면 5년 전 부흥회 때
은혜 받은 얘기나 10년 전 수련회 때 결단한 얘기만 우려먹게 된다. "그
때가 좋았는데…"라는 푸념은 듣는 사람도 피곤하다.

출애굽기 16장에 만나 얘기가 나온다. 만나는 매일 내렸다. 그날 먹을
것을 그날 거두어야 했다. 이틀 치를 거두어봐야 벌레가 생기고 냄새가 나
서 못 먹게 되었다. 그처럼 하나님의 말씀도 항상 새것으로 받아야 한다.

중학교 2학년 때로 기억한다. 2교시가 끝났는데 도시락을 먹는 친구
가 있었다. 그 시절에는 흔히 있을 수 있는 일이다. 지나가던 친구가 물

었다. "넌 살기 위해서 먹는 거냐, 먹기 위해서 사는 거냐?"

장난으로 한 말이지만 곱씹을 만하다. 사람이 먹기 위해서 살까, 살기 위해서 먹을까? 출애굽 때의 이스라엘로 따져보자. 설마 그들이 만나를 먹기 위해서 홍해를 건넜을까? 그들은 살기 위해서 만나를 먹었다. 만나를 먹은 힘으로 할 일이 있었다. 부지런히 광야를 지나는 일이다.

떡이 그렇다. 떡을 먹는 것이 목적이 아니다. 떡을 먹은 힘으로 뭔가 할 일이 있다.

> 너희는 그것을 이렇게 먹을지니 허리에 띠를 띠고 발에 신을 신고 손에
> 지팡이를 잡고 급히 먹으라 이것이 여호와의 유월절이니라(출 12:11)

예수님과 제자들의 유월절 만찬을 그린 레오나르도 다빈치의 〈최후의 만찬〉은 세계적인 명화로 꼽힌다. 그런데 몇 가지 오류가 있다. 유월절 만찬이면 해가 진 다음에 먹을 텐데 그림에 보이는 창밖은 아직 낮이다. 식탁에 둘러앉지 않고 일렬로 앉은 것도 실제와 다르다. (보는 사람을 생각해서 일부러 그렇게 그렸을 수도 있다.) 무엇보다 식사 자세가 잘못되었다. 헬라나 로마, 페르시아, 유대 사람들은 비스듬히 누워서 식사를 했다.

유월절은 출애굽 직전에 제정되었다. 그런데 평소 식사 모습과 다르다. 허리에 띠를 띠고 발에 신을 신고 손에 지팡이를 잡고 급히 먹으라고 한다. 음식을 먹기만 하면 되는 것이 아니라 얼른 먹고 해야 할 일이 있기 때문이다. 마치 군인들이 전투식량을 먹는 것 같다.

우리가 생명의 떡을 먹는 이유가 그렇다. 그것을 먹고 할 일이 있다. 성경을 읽는 것은 성경을 읽는 것 자체가 목적이어서가 아니다. 그 말씀

이 우리 신앙과 행위의 정확 무오한 유일의 법칙이기 때문이다.

"요즘 어떻게 지내십니까?"라는 질문에 "열두 시간 밥 먹고, 열두 시간 잡니다."라고 대답하는 사람은 없다. 먹고 자는 것은 생활의 내용이 아니라 생활을 위한 전제 조건이다. 그런데 우리는 "신앙생활 어떻게 하십니까?"라는 질문에 "열두 시간 성경보고, 열두 시간 기도합니다."라고 하는 것이 가장 바람직한 대답인 줄 안다. 신앙생활과 종교 행위를 혼동한 탓이다. 종교적인 형태를 갖는 것이 신앙생활이면 하나님은 예배당에만 계신 분일까?

사람이 떡으로만 살 것이 아니라 하나님의 입으로 나오는 모든 말씀으로 살아야 한다. 하나님 말씀은 우리 삶의 원칙이다. 동의하는 것으로 끝나면 안 된다. 직접 그렇게 살아야 한다. "나는 이것을 믿는다"라고 입술로 선포할 것이 아니라 "내가 이렇게 행하는 것은 이런 이유 때문이다"라고 할 수 있어야 한다.

> 상 위에 진설병을 두어 항상 내 앞에 있게 할지니라(출 25:30)

떡이 항상 하나님 앞에 있어야 한다. 떡이 우리의 생명 양식이기만 한 것이 아니다. 우리 자신이 잘 익은 떡으로 하나님께 봉헌되어야 한다. 여기에 대조되는 말씀이 호세아서에 있다.

> 에브라임이 여러 민족 가운데에 혼합되니 그는 곧 뒤집지 않은 전병이로 다(호 7:8)

에브라임은 두 가지 뜻으로 쓰인다. 이스라엘 열두 지파 중 한 지파일 수도 있고, 북 왕국의 대표일 수도 있다. 이스라엘이 남북으로 갈라질 적에 남 왕국 유다에는 유다 지파와 베냐민 지파만 남고 열 지파가 북 왕국 이스라엘에 속했는데 이때 에브라임 지파가 제일 강성했다. 본문의 에브라임은 북 왕국 이스라엘을 지칭한다.

전병을 뒤집지 않으면 한쪽은 시커멓게 타고, 다른 쪽은 밀가루 반죽 그대로가 된다. 옛날 이스라엘이 그랬다고 한다. 이런 내용이 성경에 기록된 이유는 지금 우리가 그렇기 때문이다. 시커멓게 탄 쪽은 세상을 향한 열심을 보여주고, 밀가루 반죽 그대로인 쪽은 하나님에 대한 태도를 보여준다. 세상에 속한 일에는 과욕을 부려서 탈인데 하나님을 섬기는 쪽으로는 맹탕이다.

그렇게 된 이유가 있다. 여러 민족 가운데에 혼합되었기 때문이다. 하나님의 백성인데도 이방 족속과 어울려 살았더니 이방 족속과 구별이 없게 되었다. 신자가 불신자들과 어울려 살았더니 불신자와 똑같이 되었다는 뜻이다. 교제의 폭이 아니라 교제의 내용을 말한다.

제럴드 싯처가 그의 책 〈하나님의 은혜〉에서 2세기 중엽에 쓰인 기독교 문헌인 〈디오그네투스에게 보내는 편지〉의 내용을 소개한다. 초기 그리스도인들이 적대적인 문화 속에서 어떻게 영향력을 발휘하며 성장했는지, 저항 운동에 속한다는 것이 어떤 뜻이고, 이 세상 나라와 문화 속에 살면서도 하나님 나라에 속한다는 것이 어떤 의미인지가 설명되어 있다.

그리스도인들을 나머지 인류와 구분해주는 것은 나라나 언어나 관습일 수 없다. 그들은 자기들끼리 따로 모여 살지도 않고, 별개의 언어로 말하지도 않으며, 괴상한 생활 방식을 따르지도 않는다… 그들은 자기 나라에 살되 다만 이방인으로 산다. 자국인으로 모든 일에 동참하지만 또한 외국인으로 모든 일을 참고 견딘다. 그들에게는 모든 이국이 곧 조국이고 모든 조국이 곧 이국이다.

우리가 세상 사람들과 섞여 사는 것은 잘못이 아니다. 하지만 세속적인 가치관을 받아들인다면 그것은 잘못이다. 이 내용을 로마서에서는 "너희는 이 세대를 본받지 말고 오직 마음을 새롭게 함으로 변화를 받아 하나님의 선하시고 기뻐하시고 온전하신 뜻이 무엇인지 분별하도록 하라"라고 했다. 우리가 하나님의 백성이면 우리한테 주어진 일차 과제는 세상을 본받지 않는 것이다. 우리의 본향이 따로 있기 때문이다. 우리는 세상에 속한 사람들이 아니다.

인디언들은 말을 타고 달리다가도 가끔 말에서 내려서 자기가 달려온 길을 돌아보았다고 한다. 말을 쉬게 하려는 것이 아니다. 행여 영혼이 따라오지 못할까봐서 기다린 것이다. 영혼이 곁에 왔다 싶은 생각이 들어야 다시 달린다.

"거봐, 인디언들은 그렇게 살아서 망했지."라고 할 사람은 없을 것이다. 그런데 나타나는 현실은 그렇지 않다. 돈 벌 시간은 있어도 경건에 힘쓸 시간은 없는 사람이 얼마든지 있다. 하나님 영광 가리는 일은 어쩔 수 없다고 하면서 자기 자존심 상하는 일은 못 참는다. 시간 나면 성경 읽겠다는 얘기가 괜한 얘기가 아니다.

언제부터인지 바쁜 것이 인정받는 풍토가 되었다. 바쁜 사람은 능력 있는 사람, 사회적으로 성공한 사람이고, 한가한 사람은 능력 없는 사람, 남보다 뒤진 사람이라는 인식이 있다.

business라는 말이 그렇다. 바쁘다고 하는 busy에 명사화 접미사 ness 가 결합한 말이다. 바쁜 상태가 business이다. "business가 뭐냐?"라는 얘기는 "무슨 일로 바쁘냐?", "당신을 바쁘게 하는 일이 어떤 일이냐?"라는 뜻이다. 만일 바쁜 것 자체가 가치 있는 일이면 사탄도 칭송받아야 한다. 얼마나 가치 있는 일로 바쁜지 따져야 한다.

시오노 나나미가 쓴 〈로마인 이야기〉에 하드리아누스 황제가 길거리에서 어떤 여인에게 면박을 받는 얘기가 나온다. 한 여인이 신전으로 가는 하드리아누스 황제를 불러 세웠다. 청원할 일이 있어서 길목에서 기다렸던 것이다. 하드리아누스 황제가 시간이 없다며 그냥 지나치려고 하자, 그 여자가 등에 대고 외쳤다. "그러면 당신은 통치할 자격이 없습니다." 상당히 도발적인 발언이지만 시간이 없어서 황제 노릇을 못한다면 황제 자격이 없는 것이 맞다.

우리가 신자라면 마땅히 신자 본연의 일을 해야 한다. 세상 사는 것이 바빠서 신자 노릇을 못하는 사람은 어쩌면 신자가 아닐 수 있다. 존재 목적과 상관없는 일 때문에 존재 목적을 망각하지는 말아야 한다.

네 악이 너를 징계하겠고 네 반역이 너를 책망할 것이라 그런즉 네 하나님 여호와를 버림과 네 속에 나를 경외함이 없는 것이 악이요 고통인 줄 알라 주 만군의 여호와의 말씀이니라(렘 2:19)

하나님을 버린 것, 하나님을 경외하지 않는 것을 악이라고 한다. 헬라어로는 '포네로스(πονηρος)'인데, '수고하다', '애쓰다', '바쁘다'라는 뜻을 가진 '포네오(πονεω)'에서 유래한 단어다. 하나님 없이 바쁜 것이 악이다. 하나님이 없는 자리에서는 아무리 수고하고 애써도 악만 만들어진다. "그런 법이 어디 있느냐? 그럼 예수 믿지 않는 사람은 착하게 살아도 인정이 안 된단 말이냐?"라고 따져도 할 수 없다. 가출한 상태에서는 무엇을 해도 불효인 것과 같다.

어쩌다 이렇게 되었을까? 성경은 세상 사람들과 어울려 살았기 때문이라고 한다. 왜 불신자와 삶을 공유하느냐는 얘기다. 모든 소망을 이 세상에 두고 사는 것만 불신자와 구별이 안 되는 것이 아니라 신앙에 관심이 없기도 불신자와 구별이 안 된다. 자기 자신이 잘 익은 떡으로 하나님께 봉헌되어야 한다는 사실이 마냥 생경하다.

09

등잔대

◆

출25:31 - 40〉 너는 순금으로 등잔대를 쳐 만들되 그 밑판과 줄기와 잔과 꽃 받침과 꽃을 한 덩이로 연결하고 가지 여섯을 등잔대 곁에서 나오게 하되 다른 세 가지는 이쪽으로 나오고 다른 세 가지는 저쪽으로 나오게 하며 이 쪽 가지에 살구꽃 형상의 잔 셋과 꽃받침과 꽃이 있게 하고 저쪽 가지에도 살구꽃 형상의 잔 셋과 꽃받침과 꽃이 있게 하여 등잔대에서 나온 가지 여 섯을 같게 할지며 등잔대 줄기에는 살구꽃 형상의 잔 넷과 꽃받침과 꽃이 있게 하고 등잔대에서 나온 가지 여섯을 위하여 꽃받침이 있게 하되 두 가 지 아래에 한 꽃받침이 있어 줄기와 연결하며 또 두 가지 아래에 한 꽃받침 이 있어 줄기와 연결하며 또 두 가지 아래에 한 꽃받침이 있어 줄기와 연결 하게 하고 그 꽃받침과 가지를 줄기와 연결하여 전부를 순금으로 쳐 만들고 등잔 일곱을 만들어 그 위에 두어 앞을 비추게 하며 그 불 집게와 불 똥 그 릇도 순금으로 만들지니 등잔대와 이 모든 기구를 순금 한 달란트로 만들되

너는 삼가 이 산에서 네게 보인 양식대로 할지니라

　떡상을 마주 보는 것이 등잔대다. 순금 한 달란트(34kg)로 만들었는데 금을 녹인 다음 거푸집에 부어서 만들지 않고 방짜 유기를 만드는 것처럼 쳐서 만들었다.

　금은 비중이 무척 높은 금속이다. 철의 비중이 7.87인데 금은 19.29이다. 철보다 2.45배 더 무겁다. 헬스장에 가면 벤치프레스에 5kg짜리, 10kg짜리, 20kg짜리 원판이 있다. 자석으로 확인해보니 붙는 것도 있고, 붙지 않는 것도 있었다. 어떤 것은 철이고 어떤 것은 철이 아니라는 뜻인데, 크기는 눈대중으로 구별이 안 되었다. 그러면 5kg짜리 원판 세 개 크기의 금이 36.75kg가 된다. 한 달란트의 금보다 조금 더 큰 셈이다.

　또 금은 전성(展性)과 연성(延性)이 무척 뛰어나다. 0.0001mm의 얇은 금박으로 만들 수도 있고, 1g의 금으로 3.3km 이상의 가는 줄을 뽑을 수도 있고, 0.6㎡까지 펼 수도 있다. 장인의 재주에 따라서 얼마든지 원하는 형상으로 만들 수 있다. 문제는 시간이다. 거푸집에 부어서 만들면 금방 만들 수 있지만 쳐서 만들려면 꽤나 시간이 걸렸을 것이다.

　예수를 믿는 것이 그렇다. 어금니를 앙다물고 모질게 마음먹으면 "짠!" 하고 한꺼번에 거룩해지는 것이 아니다. 기도원에 들어가서 40일 금식 기도를 했다고 해서 머리 뒤에 광채 나는 원이 생기지도 않는다. 금 덩어리를 망치로 쳐서 원하는 형태를 만드는 것처럼 날마다 조금씩 다듬어지는 것이다. 등잔대가 완성되기까지 망치질을 몇 번이나 해야 하는지 모르지만, 금 덩어리를 기준으로 하면 얻어맞는 횟수만큼 완성에 가까워진다.

금 덩어리한테 인격이 있으면 어떻게
될까? 자기가 앞으로 얼마나 더 맞아야
하는지도 모르고, 언제까지 맞아야 하는
지도 모른다. 아는 것은 딱 하나, 이 모든
고통이 끝나면 귀하게 쓰임받는 성물이
된다는 사실이다.

등잔대

지난 1999년에 출간한 〈쉽게 보는 어
려운 성막〉에서는 이런 등잔대를 설명하면서 "나의 가는 길을 오직 그가
아시나니 그가 나를 단련하신 후에는 내가 정금같이 나오리라(욥 23:10)"
라는 말씀을 인용했다. 많은 사람이 욥 23:10 말씀을 욥의 신앙고백으로
오해한다. 나 역시 그중의 한 사람이었다. 나중에 욥기를 1장부터 차근
차근 설교하면서 그런 뜻이 아닌 것을 알았다. 이 말씀을 가사로 하는 복
음성가도 있는데 우리 교회에서는 금지곡이다.

욥기 23장은 "욥이 대답하여 이르되 오늘도 내게 반항하는 마음과 근심
이 있나니 내가 받는 재앙이 탄식보다 무거움이라"로 시작한다. 욥한테
가득한 것이 반항하는 마음과 근심이다. 신앙을 고백할 계제가 아니다.

자기는 아무 잘못이 없는데 왜 이런 고난을 당해야 하느냐는 것이 욥
의 불만이었다. 하나님을 만나서 따져보고 싶은데 하나님을 만날 방법
이 없으니 답답하기만 하다. 앞으로 가도 하나님이 안 보이고 뒤로 가도
안 보인다. 하나님이 자기 왼쪽에 계셔도 알 수가 없고 오른쪽에 계셔도
알 수가 없다.

하지만 자기만 그렇다. 하나님은 마음만 먹으면 자기의 모든 것을 낱
낱이 알 수 있는 분이다. 욥이 그런 생각으로 푸념을 늘어놓는다. "(나는

하나님이 어디 계신지 알지 못하지만) 하나님은 내가 옮기는 발걸음을 일일이 알고 계시다. 하나님께서 확인하시기만 하면 나에게 아무런 흠도 없다는 사실을 금방 아실 것이다. (그런데 왜 그렇게 안 하시는지 정말 답답하다.)"

이런 푸념을 "나의 가는 길을 오직 그가 아시나니 그가 나를 단련하신 후에는 내가 정금같이 나오리라"라고 한 것이다. 하나님을 향한 아름다운 신앙고백이 아니라 왜 하나님 노릇 제대로 안 하느냐는 항변이다.

"비록 욥은 자기 앞길을 알지 못했지만 알고 있는 사실이 있었다. 지금의 모든 고난을 견디면 자기가 정금같이 변모될 것이라는 사실이다. 욥은 원인을 알 수 없는 고난 중에 있으면서도 하나님이 자기와 함께하신다는 믿음만은 잃지 않았다."라는 말은 성경에 없다. 왜 그렇게 오해하느냐 하면, 문맥을 놓친 탓이다. 명심하자. 성경은 문맥이 있는 책이다. 문맥 속에서 뜻을 파악해야 한다. 문맥을 무시하면 성경 구절을 인용해서 성경에 없는 얘기를 하게 된다.

신학대학원에 다닐 때의 일이다. 동기 한 분이 힘없이 축 처져 있었다. 어디 아프냐고 물었다가 황당한 답을 들었다. 약국에서 감기약 사흘 치를 지어 줬는데, 빨리 낫고 싶어서 한꺼번에 다 먹었다는 것이었다.

약 사흘 치를 사흘에 나누어 먹으면 사흘 만에 낫고, 한꺼번에 먹으면 한꺼번에 나을까? 모든 일에는 시간이 필요하다. 시간을 뛰어넘을 수 있는 방법은 없다. 작정하고 열심을 부린다고 해서 한꺼번에 거룩해지지 않는다.

언젠가 운전 교습을 받는 청년과 얘기를 나눈 적이 있다. 마침 내가 군대에서 운전 조교이기도 했다. 그 청년이 말했다. "어제는 중간에 실수했는데, 오늘은 정신 바짝 차려서 실수하지 않으려고요."

그다음에 어떻게 되었을까? 실수하지 않으려고 마음먹으면 실수하지 않을 수 있을까? 초보 때는 아무래도 시야가 좁기 마련이다. 자기가 백미러를 보았을 때는 아무것도 없었는데 갑자기 전봇대가 나타나는 것을 어떻게 한단 말인가? 운전은 정신 바짝 차린 만큼 잘할 수 있는 것이 아니라 반복해서 몸에 익힌 만큼 잘할 수 있다.

경건도 그렇다. 한꺼번에 되지 않는다. 경건은 결단으로 만들어지는 것이 아니라 습관으로 만들어진다.

앞에서 성소 지붕이 네 겹인 것을 확인했다. 또 사방은 금으로 된 널판이었다. 창문이 없다. 건물로 치면 빵점짜리 건물인데, 이유가 있다. 노아가 방주를 지을 때 그 안팎에 역청을 칠해서 물이 스며들지 못하게 한 것처럼 성소 안에는 이 세상 빛이 들어오면 안 되기 때문이다. 성소를 밝히는 것은 오직 등잔대에서 나오는 불빛 하나뿐이어야 한다. 신앙생활은 성령의 조명으로 해야 한다는 뜻이다. 이 세상 가치관이 들어오면 안된다.

예전에 어떤 교회를 가리켜서 '작지만 내실 있는 교회'라고 하는 말을 들은 적이 있다. 작은 교회는 내실이 없다는 전제가 있는 말이기 때문에 듣기에 거북했다. 이어지는 말은 더 고약했다. 교인 수는 많지 않지만 교인들 신앙 수준이 높다는 뜻이 아니라 교인 중에 약사도 있고 교수도 있다는 뜻이었다. 교회의 내실과 교인의 사회적인 지위가 무슨 상관이 있을까?

다윗이 골리앗과 싸우러 나갈 때 사울이 자기의 갑옷과 투구, 칼을 줬다. 다윗을 방해하려고 한 것이 아니다. 다윗을 도우려고 한 것이다. 어처구니없는 일이다. 자기가 그것으로 무장해서 골리앗과 싸우면 되지 않을까? 자기는 싸울 엄두를 못 내면서 다윗한테는 왜 권할까? 자기한테는 무용지물이라도 다윗한테는 도움이 된다고 생각했을까? 이 세상 살면서 세속적인 힘을 의지하는 것은 아무 소용이 없다는 사실을 체험했으면서도 틈만 나면 세속적인 힘을 의지하려는 우매함을 그대로 보여준다.

이런 말을 하면 "사울이니까 그렇지. 사울한테 뭘 기대해?"라는 식으로 넘어갈 수 있다. 어차피 사울은 부정적인 캐릭터다. 사울이 하는 일은 얼마든지 무시할 수 있다. 그러면 사울만 그렇고 다른 사람은 안 그럴까?

누군가 "돈 있는 사람이 장로가 되어야 한다"라고 하면, 대부분 고개를 끄덕이지 않을까? 그러면 그 말을 한 사람은 어떤 사람이고, 그 말에 고개를 끄덕인 사람은 어떤 사람일까? 사울과 같은 사람일까, 다른 사람일까?

문제는 그다음이다. 누군가 나서서 "돈 있는 사람이 장로가 되어야 한다는 법이 어디 있습니까? 교회는 그런 곳이 아니지 않습니까?"라고 할 수 있다. 사도행전 2장의 오순절 성령 강림으로 교회가 시작된다. 이 땅에 교회가 시작되고 제일 먼저 기록된 사건이 베드로가 성전 미문에서 걷지 못하던 사람을 걷게 한 사건이다. "은과 금은 내게 없거니와 내게 있는 이것을 네게 주노니 나사렛 예수 그리스도의 이름으로 일어나 걸으라"라는 유명한 말씀이 행 3:6에 있다. 이제 시작된 교회는 은과 금이 아니라 예수 그리스도 이름이 있는 곳이다. 교회는 은과 금으로 힘을 삼지 않고 예수 그리스도의 이름을 힘으로 삼는다.

이런 얘기에 전부 흔쾌히 동의할까? 겉으로는 동의하면서 속으로는 딴생각을 하지 않을까? 하나님만 의지하는 삶은 아무나 살 수 있는 삶이 아니다. 세속적인 사고의 병폐가 그만큼 뿌리가 깊다. 이정일 목사가 그의 책 〈문학은 어떻게 신앙을 더 깊게 만드는가〉에서 신실한 삶은 하나님의 은혜이지만 동시에 의식적인 노력의 결과라고 했다. 정말 공감 되는 말이다.

> 에베소 교회의 사자에게 편지하라 오른손에 있는 일곱 별을 붙잡고 일곱 금 촛대 사이를 거니시는 이가 이르시되(계 2:1)

일곱 금 촛대 사이를 거니신다는 표현은 성막에 대한 이해가 없으면 아리송할 수 있다. 이 말씀을 받는 에베소교회 교인들은 그렇지 않았을 것이다. '일곱 금 촛대'가 성소에 있는 등잔대임을 바로 알았을 것이다.

성소는 구약 개념이다. 지금은 우리 한 사람, 한 사람이 성전이다[12]. 우리가 성전이면 우리 마음 한복판에 일곱 금 촛대 사이를 거니시는 이가 계시다. 그분이 에베소교회에 말씀하신다.

> 그러나 너를 책망할 것이 있나니 너의 처음 사랑을 버렸느니라 그러므로 어디서 떨어졌는지를 생각하고 회개하여 처음 행위를 가지라 만일 그리하지 아니하고 회개하지 아니하면 내가 네게 가서 네 촛대를 그 자리에서 옮기리라(계 2:4-5)

---

12 너희는 너희가 하나님의 성전인 것과 하나님의 성령이 너희 안에 계시는 것을 알지 못하느냐 (고전 3:16)

성소 안을 비추는 유일한 빛이 금 촛대에서 나온다. 우리가 처음 사랑을 잃어버리면 주님께서 그 금 촛대를 옮겨버리겠다고 하신다. 그러면 말 그대로 암흑이 된다. 자라던 시절, 어머니께서 종종 하셨던 말씀과 같다. "그렇게 말 안 들으면 내가 집을 나가버린다!"

그렇다고 해서 한번 얻은 구원이 취소되는 법은 없다. 어머니도 말씀만 그렇게 하셨지, 집을 나가지는 않으셨다. 우리 신앙이 퇴보하는 것을 하나님께서 그만큼 엄중하게 경계하신다는 뜻이다.

등잔대는 혼자서 빛을 내지 않는다. 등잔대가 타는 것이 아니라 기름이 타서 빛을 낸다. 성경 여러 곳에서 기름은 성령을 상징한다.

그리스도는 기름 부음을 받은 자라는 뜻이다. 등잔대에서 그 말 그대로를 볼 수 있다. 기름 부음을 받아서 그 기름을 바탕으로 빛을 낸다. 그리고 그 기름은 등잔대를 증거한다. 성령이 하시는 일이 그리스도를 나타내는 일이다.

존 웨슬리가 영국 교회에 성령 운동을 일으키자, 모교인 옥스퍼드 대학에서 그를 불렀다. 그가 벌이는 성령 운동에 대해서 알고 싶었던 것이다. 존 웨슬리는 교수들이 모인 자리에서 "성령 충만을 받으시오"라는 제목으로 말씀을 전했다. 지성인인 자기들한테 이런 설교 제목은 곤란하다고 난감해 하는 교수들에게 존 웨슬리가 말했다.

"예수님의 제자들은 예수님의 말씀을 직접 들었고, 예수님과 함께 먹었고, 자신들의 눈으로 죽은 자가 살아나는 기적도 보았습니다. 그런데도 예수님이 성령을 받으라고 했습니다. 그들은 그 말씀에 따라 예루살렘에 머무르며 성령이 임하기를 기다렸고, 오순절 마가 다락방에서 성령의 충만함을 받은 다음에 전도했습니다. 여러분은 예수님과 함께 식사를 한 적이 있습니까? 예수님의 기적을 본 적이 있습니까? 예수님과 함께 먹고 기적을 체험한 제자들도 성령이 임해서 권능을 받은 다음에야 나가서 영혼을 건질 수 있었다면 여러분이야말로 성령 충만함을 받아야 하나님의 종으로 쓰임받을 수 있지 않겠습니까?"

존 웨슬리는 예수님의 제자들을 예로 들었지만 등잔대는 그 정도가 아니다. 예수님마저도 성령의 기름 부음이 필요했다고 한다. 하물며 우리일까? 이 사실을 인정한다면 "우리의 소원은 통일"이 아니라 "우리의 소원은 성령 충만"이라야 한다.

성령 충만을 소원한다는 얘기는 평소에는 다른 일에 신경 쓰다가 가끔 성령 충만을 구한다는 뜻이 아니다. 그런데 대부분 그렇게 한다. 성령 충만에 대한 얘기를 들으면 "그래, 맞아!"라고 했다가 이내 시들해진다. 그리고 다른 일로 자극을 받으면 또 잠깐 열심 낸다. 이런 일을 반복하다가 "역시 난 아냐. 이런 일은 거기에 맞는 사람이 따로 있어." 하고 포기한다. 명심해야 한다. 성령 충만을 가끔 구하는 것은 구한 것으로 인정되지 않는다. 대부분 시간에는 관심이 없었다는 뜻이기 때문이다.

> 내가 아버지께로부터 너희에게 보낼 보혜사 곧 아버지께로부터 나오시
> 는 진리의 성령이 오실 때에 그가 나를 증언하실 것이요(요 15:26)

성령이 예수님을 증언한다고 했다. 성령의 대표적인 사역이 우리에게 예수님을 알게 하는 것이다[13]. 우리가 예수를 주로 고백하는 것은 남보다

---

13   그러므로 내가 너희에게 알리노니 하나님의 영으로 말하는 자는 누구든지 예수를 저주할 자라
     하지 아니하고 또 성령으로 아니하고는 누구든지 예수를 주시라 할 수 없느니라(고전 12:3)

똑똑하기 때문이 아니다. 우리 안에 계신 성령께서 알게 하신 것이다. 우리가 하는 말을 불신자들이 못 알아듣는 이유도 그들 안에 성령이 계시지 않기 때문이다. 신자와 불신자의 차이가 여기에 있다.

> 너는 또 이스라엘 자손에게 명령하여 감람으로 짠 순수한 기름을 등불을 위하여 네게로 가져오게 하고 끊이지 않게 등불을 켜되 아론과 그의 아들들로 회막 안 증거궤 앞 휘장 밖에서 저녁부터 아침까지 항상 여호와 앞에 그 등불을 보살피게 하라 이는 이스라엘 자손이 대대로 지킬 규례이니라(출 27:20-21)

등불을 저녁부터 아침까지 항상 보살피게 하라고 했다. 우리는 아침이 하루를 시작하는 시간인데 이스라엘 사람들은 저녁을 하루의 시작으로 생각했다. 창세기에 "저녁이 되며 아침이 되니 이는 첫째 날이니라", "저녁이 되며 아침이 되니 이는 둘째 날이니라"라는 구절이 있다.

저녁부터 아침까지 등불을 보살피게 하라는 얘기는 하루 종일 등불을 보살피게 하라는 뜻이다. 우리의 등불이 여호와 앞에서 하루 종일 켜져 있는지, 우리가 세상의 빛이라 했는데 과연 그러한지 늘 확인해야 한다. 적어도 예수를 믿는다면 "이렇게 하면 안 되는 줄 알지만 이번 한 번만…"이라는 생각은 하지 말아야 한다. 안 되는 줄 알면 안 하면 그만이다. 안 되는 일은 여러 번이라서 안 되는 것이 아니다.

또 이 등불이 꺼지지 않게 하여 등잔대의 불빛이 항상 있게 하는 것이 이스라엘 자손 대대로 지킬 규례가 되었다. 하나님이 왜 이스라엘만 편애하시느냐는 질문을 받은 적이 있는데 구약의 이스라엘이 지금의 교회여서 그렇다. 이스라엘이 진짜가 아니라 우리가 진짜다. 그러면 등잔대의 불을 꺼지지 않게 하는 책임이 우리한테 옮겨진 셈이다. 우리 불빛이 여호와 앞에서 아침부터 밤까지 항상 있어야 한다.

여기서 '여호와 앞에서'라는 말이 참 중요하다. 이 말이 우리의 판단 기준이라야 한다. "이렇게 하면 남들이 뭐라고 할까?"가 기준이 아니다. "이렇게 하면 나한테 이익일까, 손해일까?"도 기준이 아니다. "하나님께서 뭐라고 하실까?"가 유일한 기준이다.

사람들의 기준은 다분히 세속적이다. 자기 입장이 중요하고, 남들의 평판이 중요하다. 다른 사람들에게 얕잡아 보이지 않아야 하고, 기왕이면 인정받아야 한다. 우리는 그렇지 않다. 우리는 하나님 앞에 있는 사람들이다. 하나님께서 어떤 것을 좋아하시고, 어떤 것을 싫어하시는지가 유일한 관심 사항이다. 일찍이 바울이 갈라디아교회에 편지를 쓰면서 "내가 사람들에게 좋게 하랴 하나님께 좋게 하랴"라고 일갈한 그대로다.

옷을 고를 때는 가격, 색상, 디자인, 치수, 재질, 유행 등등 따질 조건이 한둘이 아니다. 특히 애인과 같이 옷을 고를 때는 애인의 반응이 중요하다. 애인이 O.K.를 해야 한다. 아무리 자기 마음에 들어도 애인이 싫다고 하면 그것으로 끝이다. 그 옷을 입고 누구한테 잘 보인단 말인가?

"하나님 앞에서"가 바로 그렇다. 자기 욕구가 문제가 아니다. 하나님의 O.K.가 중요하다. 하나님께 잘 보여야 한다.

첨언하면 O.K.는 영어가 아니라 그리스어 '올라칼라($ολα κωλα$)'의 약자다. '올라($ολα$)'는 모든 것이라는 뜻이고, '칼라($κωλα$)'는 좋다는 뜻이다. 항구에서 제품을 수출할 때 아무 이상이 없으면 모든 것이 다 좋다는 뜻으로 $ολα$ $κωλα$의 약자인 O.K. 도장을 찍었다. 우리는 모든 일에 하나님의

O.K. 사인을 받아야 하는 사람들이다.

> 이 집에는 나보다 큰 이가 없으며 주인이 아무것도 내게 금하지 아니하
> 였어도 금한 것은 당신뿐이니 당신은 그의 아내임이라 그런즉 내가 어찌
> 이 큰 악을 행하여 하나님께 죄를 지으리이까(창 39:9)

보디발의 아내에게는 잘생긴 사내 요셉만 보였고, 요셉에게는 하나님이 보였다. 유혹을 하는 사람과 유혹을 이기는 사람의 차이가 여기에 있다. 우리가 매사에 세상을 이기려면 "내가 이 일을 하나님 앞에서 하고 있다"라는 인식이 있어야 한다. 우리 눈에 하나님이 안 보인다고 해서 하나님 눈에도 우리가 안 보이는 것이 아니다.

그다음에 등잔대의 위치를 보자. 등잔대는 떡상과 마주 보고 있다. 우리가 말씀을 받을 적에는 성령님의 조명이 함께 있어야 한다는 뜻이다. 다른 빛은 안 된다. 오직 등잔대에서 나오는 빛이어야 한다.

성경 말씀을 깨닫게 해주는 것이 또한 성령님의 사역이다. 떡상만이 아니다. 분향단, 널판, 천장에 있는 휘장, 거기에 수놓인 그룹을 볼 수 있는 원동력이 등잔대에서 나오는 빛이다. 우리가 하나님을 아는 지식이 그렇다. 우리가 하나님을 알 수는 없다. 하나님께서 알게 해주셔야 한다. 이것이 성령님의 사역이다.

뒤에서 살펴보겠지만 분향단은 기도를 나타내는데, 기도도 성령님의 도우심 없이는 못한다는 뜻이다.

그 불집게와 불똥 그릇도 순금으로 만들지니(출 25:38)

등잔대에서는 수시로 불똥을 제거해야 한다. 자신의 영성을 늘 점검해야 한다는 뜻이다. 불똥이 있으면 제대로 빛이 나지 않는 것처럼 우리의 영성도 그렇다. 소크라테스가 성찰하지 않는 인생은 살 가치가 없다고 했는데, 소크라테스는 기독교 신자가 아니다. 그런데도 이 정도 생각이 있었다. 우리는 어느 정도여야 할까?

10

분향단

◆

출 30:1-10〉 너는 분향할 제단을 만들지니 곧 조각목으로 만들되 길이가 한 규빗, 너비가 한 규빗으로 네모가 반듯하게 하고 높이는 두 규빗으로 하며 그 뿔을 그것과 이어지게 하고 제단 상면과 전후좌우 면과 뿔을 순금으로 싸고 주위에 금테를 두를지며 금테 아래 양쪽에 금 고리 둘을 만들되 곧 그 양쪽에 만들지니 이는 제단을 메는 채를 꿸 곳이며 그 채를 조각목으로 만들고 금으로 싸고 그 제단을 증거궤 위 속죄소 맞은편 곧 증거궤 앞에 있는 휘장 밖에 두라 그 속죄소는 내가 너와 만날 곳이며 아론이 아침마다 그 위에 향기로운 향을 사르되 등불을 손질할 때에 사를지며 또 저녁 때 등불을 켤 때에 사를지니 이 향은 너희가 대대로 여호와 앞에 끊지 못할지며 너희는 그 위에 다른 향을 사르지 말며 번제나 소제를 드리지 말며 전제의 술을 붓지 말며 아론이 일 년에 한 번씩 이 향단 뿔을 위하여 속죄하되 속죄제의 피로 일 년에 한 번씩 대대로 속죄할지니라 이 제단은 여호와께 지극히

거룩하니라

성소 정면에는 분향단이 있다. 분향단 너머에 휘장이 있고, 휘장 안쪽 지성소에는 하나님의 임재를 나타내는 언약궤가 있다. 성소에 있는 기구 중에 분향단이 언약궤와 가장 가까운 곳에 위치한다. 분향단이 우리의 기도를 나타낸다는 사실을 감안하면 우리가 기도할 때 하나님과 가장 가까워진다는 뜻이 된다. 그렇다고 해서 기도만 하면 무조건 하나님과 가까워질까? 기도 행위가 곧 경건을 담보하는 것은 아니다.

분향단

여호와께서 자기를 위하여 경건한 자를 택하신 줄 너희가 알지어다 내가
그를 부를 때에 여호와께서 들으시리로다(시 4:3)

하나님은 아무 기도나 듣지 않으신다. 경건한 자의 기도를 들으신다. 이런 말을 하면 사람들이 어떤 생각을 할까? 일단 신앙생활을 잘해야 하나님이 기도를 잘 들어주신다고 생각할 것 같다. 자기가 직접 기도하는 것보다 목사가 기도를 하면 하나님이 더 잘 들어줄 것처럼 오해하는 이

유가 그런 때문일 것이다.

어떤 남자가 이웃집 여자를 마음에 두었다. 그런데 처지가 너무 달랐다. 자기는 가난한 농사꾼 아들이고 그 여자는 부잣집 외동딸이다. 작정하고 열심히 공부해서 사법고시를 패스했다. 그 여자에게 프러포즈를 했고, 그 여자도 응낙했다. 이런 경우에 그 남자가 무엇을 얻었다고 해야 할까? 설마 처갓집 재산을 얻었다고 할 사람은 없을 것이다. 당연히 그 여자의 사랑을 얻었다고 해야 한다. 그 남자의 마음에는 오직 그 여자만 있는 것이 정상이다.

다시 따져보자. 하나님은 경건한 자의 기도를 들으신다. 우리가 경건해야 하는 이유는 하나님께 잘 보여서 뭔가를 얻어내기 위한 것이 아니다. 하나님과 교제를 나누기 위한 것이다. 우리는 하나님이면 족한 사람들이다. 방금 떡상과 등잔대를 확인한 것처럼 말씀으로 힘을 얻고 성령의 조명으로 기도하는 사람이라면 당연히 그렇다.

일찍이 프란체스코가 한 기도가 있다. "주님, 만일 제가 주님을 사랑하는 이유가 저를 천국에 보내달라고 하기 위한 것이라면 칼을 든 천사를 보내 천국 문을 닫아버리게 하옵소서. 주님, 만일 제가 지옥에 가는 것이 두려워서 주님을 사랑한다면 저를 영원한 불구덩이 속으로 던져 넣으십시오. 그렇지만 제가 주님을 위해서 주님을 사랑한다면 팔을 벌려 저를 받아주옵소서."

주님을 사랑하는 이유가 천국에 대한 기대나 지옥에 대한 두려움 때문이라면 그 사랑은 진실하다고 할 수 없을 것이다. 사랑을 기도로 바꿔도 마찬가지다. 혹시 프란체스코는 성인이어서 그렇고, 우리처럼 평범한 사람은 다른 기준을 적용해야 할까? 그러면 무엇인가를 얻기 위해서 착한 일을 하는 것은 비도덕적이라는 말은 어떨까? 순수하고 착한 동기에서 올바로 행동해야 착한 일이지, 상을 바라거나 벌을 받기 싫어서 착한 일을 하는 것은 옳지 않다는 것이다. 임마누엘 칸트가 한 말이다. 임마누엘 칸트는 뛰어난 철학자이지, 우리가 본받아야 할 신앙 위인은 아니다. 그런데도 이런 말을 했다. 기도는 하나님께 뭔가를 얻어내는 방법이 아니다.

> 그 어린양이 나아와서 보좌에 앉으신 이의 오른손에서 두루마리를 취하시니라 그 두루마리를 취하시매 네 생물과 이십사 장로들이 그 어린양 앞에 엎드려 각각 거문고와 향이 가득한 금 대접을 가졌으니 이 향은 성도의 기도들이라(계 5:7-8)

분향단은 기도를 나타낸다. 기도에는 우리가 주님의 이름으로 드리는 기도만 있는 것이 아니다. 우리를 위한 주님의 중보기도도 있다.

> 이와 같이 성령도 우리의 연약함을 도우시나니 우리는 마땅히 기도할 바를 알지 못하나 오직 성령이 말할 수 없는 탄식으로 우리를 위하여 친히 간구하시느니라(롬 8:26)

> 누가 정죄하리요 죽으실 뿐 아니라 다시 살아나신 이는 그리스도 예수시니 그는 하나님 우편에 계신 자요 우리를 위하여 간구하시는 자시니라 (롬 8:34)

나는 불신 가정에서 자랐다. 고등학생 때 새벽예배에 갔다가 어떤 분이 아들을 위해서 기도하는 내용을 들었다. 다른 말은 기억하지 못하지만 "우리 ○○를 하나님께 맡깁니다"라는 말은 지금도 기억한다. 그 기도가 그렇게 부러울 수가 없었다.

상당한 시간이 지났다. 신학대학원에 진학해서도 그랬다. 동기들의 절반은 목사 아들이고, 절반은 장로 아들로 보였다. 불신 가정에서 자란 사람은 나 혼자뿐인 것 같았다. 동기들을 볼 때마다, "저 친구 집에서는 저 친구를 위해서 기도하겠구나"라는 생각을 하니 그렇게 부러울 수가 없었다. 나중에 예수님이 나를 위해 기도하고 계시고, 또 성령님이 나를 위해 기도하고 계시다는 사실을 깨닫고는 상당한 위로를 받았다.

그러면 예수님과 성령님이 우리의 무엇을 위해서 기도할까? 우리가 기도하는 내용과 아무 차이가 없을까? 혹시 차이가 있다면 어떤 차이가 있고, 그 이유는 무엇 때문일까?

> 모든 기도와 간구를 하되 항상 성령 안에서 기도하고 이를 위하여 깨어 구하기를 항상 힘쓰며 여러 성도를 위하여 구하라(엡 6:18)

바울이 에베소교회에 편지하면서 성령 안에서 기도하라고 했다. 표현은 어색하지만 성령 밖에서 하는 기도도 있는 모양이다. 그 정도가 아니다. "이를 위하여 깨어 구하기를 항상 힘쓰며"라는 말이 이어진다. 성령 안에서 기도하는 일이 저절로 되지 않는다는 뜻이다. 그 일을 위해서 각별히 주의를 기울여야 한다.

부교역자 시절, 새로 등록한 가정이 있어서 몇몇 교우와 함께 심방을

간 적이 있다. 예배를 마치고 다과를 나누는 중에 그 집 딸이 외국에 있다는 얘기가 나왔다. 그분이 말했다. "…저는 지금도 늘 하는 것이 딸 기도예요." 그분은 다른 교회에 다니다가 이사를 와서 새로 교회를 정한 것이 아니었다. 평생 처음으로 교회에 발을 들였다. 그런데 전부터 기도를 하고 있다고 했다.

우리만 기도를 하는 것이 아니다. 예수를 믿지 않는 사람도 기도를 한다. 새벽마다 찬물로 목욕재계를 하고 정화수 떠 놓고 치성을 드리는 것도 기도의 한 형태이다.

하지만 불신자가 하는 기도는 성령 안에서 하는 기도일 수 없다. 그렇다고 해서 신자가 하는 기도는 저절로 성령 안에서 하는 기도가 되는 것도 아니다. 성령 안에서 하는 기도가 어떤 기도이고, 성령 밖에서 하는 기도가 어떤 기도인지 몰라도 불신자가 성령 안에서 기도할 수 없는 것은 분명하다. 우리가 하는 기도 중에 불신자도 할 수 있는 기도는 성령 안에서 하는 기도가 아닌 셈이다.

어떤 사람이 있다. 남편 돈 잘 벌어오고, 아들 공부 잘하고, 딸 좋은 데 시집가고, 가족들 다 건강하게 해달라고 새벽마다 한 시간씩 기도한다. 다른 사람은 같은 제목으로 10분씩 기도한다. 둘 사이에 어떤 차이가 있을까? 하루에 한 시간씩 기도하는 사람이 하나님께 더 헌신된 사람일까? 하루에 10분 기도하는 사람보다 그 사람을 통해서 하나님의 뜻이 더 잘 이루어질까?

우리가 믿는 교리를 문답 형식으로 정리한 것을 요리문답이라고 한다. 대요리문답과 소요리문답이 있는데, 소요리문답 98번이 "기도가 무엇입니까?"이다. 그 답이 이렇다. "기도는 하나님의 뜻에 일치되는 우리의 소원을 그리스도의 이름으로 하나님께 올려 드리는 것으로, 우리의 죄를 고백하며 하나님의 자비를 깨달아 감사하는 것입니다."

기도는 "이 문제는 이렇게 해주시고, 저 문제는 저렇게 해주세요."라는 식으로 자기 요구 사항을 나열하는 것이 아니다. 하나님의 뜻에 일치되는 소원을 아뢰어야 한다. 사람들은 주로 기도의 근거를 자기의 간절함에 둔다. 자기가 간절히 원한다는 이유로 하나님의 힘을 빌리려고 한다. 하지만 기도의 알짬은 언제나 하나님의 뜻이다.

언젠가 성경 공부를 하는데 마침 바울의 기도가 나왔다. "우리가 하는 기도는 성경에 나온 기도와 전혀 다릅니다. 어떻게 된 영문일까요?"라고 물었더니 한 분이 대답했다. "그건 성경이니까 그렇죠. 현실은 다르잖아요."

예배 시간에는 신자 같은데 예배만 끝나면 세상 사람과 똑같은 경우가 있다. 그런 사람에게 하나님은 예배당 안에만 계신 분이 된다. 그런데 "그건 성경이니까 그렇죠. 현실은 다르잖아요."라는 말은 하나님을 예배당 안에만 계신 분으로 여기는 것도 아니다. 예배당 밖에도 계시다. 단, 예배당 밖에서는 하나님 노릇을 포기하고 알라딘 마술 램프이기를 바라는 것이다.

> 아론이 일 년에 한 번씩 이 향단 뿔을 위하여 속죄하되 속죄제의 피로 일 년에 한 번씩 대대로 속죄할지니라 이 제단은 여호와께 지극히 거룩하니라(출 30:10)

성경에서 뿔은 능력, 권능을 나타낸다. 번제단의 뿔은 그리스도의 대속 사역의 능력, 보혈의 능력이고, 분향단 뿔은 기도의 능력이다. 번제단에서 속죄 제물을 드린 다음에 그 피를 분향단의 뿔에 바르라고 했으니까 하나님과 우리 사이의 연결 통로인 기도도 그리스도의 희생이 그 근거가 되는 것이다.

> 아론의 아들 나답과 아비후가 각기 향로를 가져다가 여호와께서 명령하
> 시지 아니하신 다른 불을 담아 여호와 앞에 분향하였더니 불이 여호와
> 앞에서 나와 그들을 삼키매 그들이 여호와 앞에서 죽은지라(레 10:1-2)

나답과 아비후가 다른 불로 분향했다가 죽었다. 얼핏 하나님이 너무 가혹하신 것처럼 생각할 수도 있다. 설령 나답, 아비후가 잘못했다고 해도 사형으로 다스릴 만큼 큰 잘못이었을까?

분향단에서 사르는 향은 기도를 상징한다. 당연히 번제단의 불을 사용해야 한다. 우리가 하나님께 기도할 수 있는 근거가 그리스도의 대속 사역에 있다. 다른 불로 분향했다는 얘기는 그리스도의 대속 사역에 근거하지 않고 하나님께 나아가려고 했다는 뜻이다. 나답, 아비후가 그런 잘못을 범했다.

분향단 앞에 서기 위해서는 먼저 번제단을 통과해야 한다. 번제단은 우리를 위해서 돌아가신 그리스도의 대속 사역을 의미한다. 그러면 분향단은 우리를 위해서 중보하시는 그리스도가 된다.

제사장들의 의무 가운데 하나가 분향단 불을 꺼뜨리지 않는 것이었다. 성경에서 제사장이 나오면 목회자를 연상하는 경우가 있는데 그렇

지 않다. 구약 시대에는 백성의 사정을 하나님께 아뢰는 제사장이 있었지만 지금은 그런 역할을 맡은 제사장이 없다. 뒤에서 확인하겠지만 예수님이 십자가에 달려 돌아가실 적에 지성소 휘장이 찢어졌다. 누구나 하나님께 나아갈 수 있게 된 것이다. 성경은 우리를 왕 같은 제사장이라고 한다. 이제는 구약 시대처럼 제사장을 통할 필요가 없다. 자기가 직접 하나님을 찾아가면 된다.

결국 제사장들의 의무 가운데 하나가 분향단의 불을 꺼뜨리지 않는 것이었다는 얘기는 우리의 의무가 그렇다는 뜻이다. 하나님께서 쉬지 말고 기도하라고 말씀하신 그대로다.

쉬지 말고 기도하라고 하면 지레 질겁하는 경향이 있다. 그러면 이 말씀을 하나님께 적용해 보자. 쉬지 말고 기도하라는 말은 그냥 할 수 있는 말이 아니다. 우리가 언제 기도하든지 항상 들으실 준비가 되어 있어야 할 수 있는 말이다.

어떤 왕이 "나를 만나고 싶으면 매년 1월 1일에 궁궐로 와라"라고 하면 1월 1일마다 궁궐 앞이 미어터질 것이다. 왕이 매달 1일에 궁궐로 오라고 하면 매달 1일마다 궁궐 앞이 미어터질 것이다. 만일 왕이 용무가 있는 백성은 아무 때나 오라고 하면 어떻게 될까?

하나님이 일 년에 한 번, 1월 1일에 기도하라고 하면 다른 날은 기도해 봐야 소용없다. 1월 1일을 기다려야 한다. 그런데 쉬지 말고 기도하라고 했다. 일 년에 한 번 기도하는 사람은 일 년에 한 번 하나님을 만날 것이고, 한 달에 한 번 기도하는 사람은 한 달에 한 번 하나님을 만날 것이고, 매일 기도하는 사람은 매일 하나님을 만날 것이고, 쉬지 않고 기도하는 사람은 쉬지 않고 하나님을 만날 것이다.

나는 너희를 위하여 기도하기를 쉬는 죄를 여호와 앞에 결단코 범하지
아니하고 선하고 의로운 길을 너희에게 가르칠 것인즉(삼상 12:23)

　오래전에 이 구절을 보면서 "사무엘쯤 되는 사람은 기도를 쉬는 것도
죄라고 하는구나"라고 생각했던 기억이 있다. 그러다가 성경이 나에게
주시는 말씀이라는 사실을 깨닫고는 "기도하기를 쉬는 것이 죄로구나"
로 생각이 바뀌었다. 그것이 전부가 아니었다. '너희를 위하여 기도하기
를 쉬는 죄'라고 했다. 자기를 위한 기도가 아니라 다른 사람을 위한 기
도다. 그런 기도를 쉬는 것이 죄라는 것이다.
　혹시 여러분이 누군가를 위해서 기도를 하고 있는데, 그 기도가 그 사
람과 하나님을 맺어주는 유일한 끈은 아닐까? 그렇다면 그 기도는 잠시
도 쉬면 안 된다.
　안토니 블룸이 〈기도의 체험〉에서 이런 말을 했다. "걱정거리나 사랑
하는 사람, 자신을 위해서 기도할 때는 열심히 기도한다. 그것을 벗어
나 다른 사람이나 인류나 자연을 위해 기도하면 별안간 마음이 냉담해
진다. 하나님이 멀리 가셨는가? 아니다. 기도하는 이유가 하나님의 임재
와 하나님을 그리워하고 사랑하는 것에서 한 것이 아니기 때문이다. 자
기를 사랑하거나 자기 집착으로 기도하고 하나님을 이용하는 너무 어린
신앙이기 때문이다."
　요컨대 기도의 깊이가 사랑의 깊이다. 주변에서 하는 기도를 보면 은
근히 아쉽다. 대부분의 기도가 "…주시옵소서"로 끝난다. 뭘 그리 받고
싶은 것일까? 더 가관인 것은 그렇게 기도하는 사람을 기도 열심히 한다
고 추켜세우기까지 한다. 뭔가 이상하다. 그런 기도라면 기독교 신자가

아니라도 얼마든지 가능하다. 새벽마다 정화수 떠 놓고 치성을 드리는 사람도 그런 기도를 할 것이다. 그러면 예수님은 왜 십자가에 달려 돌아가셨을까?

> 여호와께서 내 음성과 내 간구를 들으시므로 내가 그를 사랑하는도다 그
> 의 귀를 내게 기울이셨으므로 내가 평생에 기도하리로다(시116:1-2)

우리가 하는 기도와 불신자가 하는 기도는 어떻게 다를까? 일단 기도를 하는 대상이 다르다. 그것뿐이면 뭔가 허전하다. 기도하는 대상이 달라도 기도하는 내용이 똑같다면 우리와 그들의 차이가 무엇일까?

본문에서 시편 기자는 평생 기도하겠다고 했다. 그가 평생 기도한 내용이 무엇일까? 설마 인근의 모압 족속이나 암몬 족속이 그들의 신 그모스나 밀곰한테 평생 기도한 내용과 아무 차이가 없을까? 만일 그렇다면 하나님은 무슨 재미로 하나님을 할까? 내가 하나님이면 참 하나님 하기 싫을 것 같다.

단언컨대 기도는 우리 욕구를 위해서 하나님을 움직이는 신비한 방법이 아니다. 우리가 하나님의 일에 동참하는 것이다. 기도가 이루어질수록 이 땅에 하나님의 나라가 더 확장되어야 한다.

성막은 이동이 가능하게 되어 있다. 번제단도 그렇고, 물두멍도 그렇고, 분향단도 그렇다. 분향단이 이동 가능하다는 얘기는 우리 삶의 모든 영역에 기도가 필요하다는 뜻이다.

분향단에서 뒤를 돌아보면 등잔대와 떡상이 보인다. 물두멍과 번제단

도 지났다. 우리의 기도에는 이 모든 것이 용해되어야 한다. 번제단에서 구원받은 감사도 있어야 하고, 물두멍에서 날마다 자신을 성찰하는 성화된 삶을 위한 간구도 있어야 하고, 떡상에서는 말씀으로 힘을 얻어야 하고, 등잔대에서는 성령의 조명을 힘입어야 한다. 그렇게 기도할 때 그 사람은 하나님과 가장 가까운 곳에 있게 된다.

11

휘장

◆

출26:31-33〉 너는 청색 자색 홍색 실과 가늘게 꼰 베실로 짜서 휘장을 만들고 그 위에 그룹들을 정교하게 수놓아서 금 갈고리를 네 기둥 위에 늘어뜨리되 그 네 기둥을 조각목으로 만들고 금으로 싸서 네 은 받침 위에 둘지며 그 휘장을 갈고리 아래에 늘어뜨린 후에 증거궤를 그 휘장 안에 들여놓으라 그 휘장이 너희를 위하여 성소와 지성소를 구분하리라

성소와 지성소 사이에 휘장이 있다. 지성소에는 하나님의 임재를 상징하는 언약궤가 있는데 휘장으로 언약궤를 가린 것이다. 아무나 하나님께 나아갈 수 없다.

그러므로 형제들아 우리가 예수의 피를 힘입어 성소에 들어갈 담력을 얻었나니 그 길은 우리를 위하여 휘장 가운데로 열어 놓으신 새로운 살 길

이요 휘장은 곧 그의 육체니라(히 10:19-20)

성경은 휘장이 예수님의 육체라고 한다. 예수님의 육체를 상징하는 휘장이 언약궤를 가리고 있다. 성소에는 일반 백성은 못 들어가고 제사장만 들어갈 수 있는데, 지성소에는 제사장도 못 들어간다. 대제사장만 일 년에 한 번 들어갈 수 있다. 속죄일이 되면 대제사장이 지성소에 들어가서 이스라엘의 모든 죄를 사함받았다. 히브리력으로 7월 10일이다.

그리스 신화에 나오는 제우스는 상당한 바람둥이다. 제우스가 테베 공주인 세멜레를 가까이한 적이 있다. 하루는 세멜레가 제우스한테 부탁이 있다고 하자, 제우스가 스틱스강의 이름을 걸고 뭐든지 다 들어준다고 큰소리를 쳤다. 스틱스강의 이름을 걸면 설령 신이라도 절대 어길 수 없었다. 세멜레가 올림포스에 계실 때의 본래 모습을 보여달라고 했다. 제우스가 크게 놀랐지만 스틱스강의 이름으로 맹세한 이상 번복할 수 없었다. 하릴없이 자기의 본래 모습을 보여줬는데 세멜레는 제우스에게서 나오는 광채와 열 때문에 까맣게 타서 죽고 말았다.

고대 사람들은 신을 볼 수 없다고 생각했다. 구약성경에도 사람이 하나님을 보면 죽는다는 내용이 나온다. 맨눈으로는 태양도 못 보는데 하나님을 무슨 수로 본단 말인가? 죄인은 하나님의 거룩을 감당할 수 없다.

그렇다고 해서 하나님의 위엄을 강조하는 얘기가 아니다. 성경은 "그 휘장이 너희를 위하여 성소와 지성소를 구분하리라(출 26:33b)"라고 말한다. 휘장으로 출입을 막은 것이 하나님의 위엄을 높이기 위한 것이 아니라 우리를 위한 것이다.

사람의 생각은 다분히 삐딱하다. 본성상 죄인이기 때문에 논리가 죄에 오염되어 있다. 언제나 하나님 반대쪽으로 생각한다.

지금까지 가장 많이 들은 질문이 하나님이 왜 선악과를 만들었느냐는 질문이다. 아담, 하와가 왜 선악과를 먹었느냐는 질문은 한 번도 못 들어 봤다. 아무리 뱀이 먹으라고 했지만 하나님이 먹지 말라고 하셨다. 그런 것을 왜 먹는단 말인가? 아담, 하와가 선악과를 먹은 것은 어떤 여자가 남편 말을 무시하고 외간 남자 말을 들은 것과 방불한 사건이다. 무슨 정신으로 그랬을까? 그런데 아무도 그것을 궁금하게 여기지 않는다. 어떤 사람이 선악과가 없어서 못 먹었으면 그 사람도 선악과를 먹지 말라는 말씀에 순종한 사람일까?

> 아담은 셋을 낳은 후 팔백 년을 지내며 자녀들을 낳았으며 그는 구백삼십 세를 살고 죽었더라 셋은 백오 세에 에노스를 낳고 에노스를 낳은 후 팔백칠 년을 지내며 자녀들을 낳았으며 그는 구백십이 세를 살고 죽었더라 …(중략)… 야렛은 백육십이 세에 에녹을 낳았고 에녹을 낳은 후 팔백 년을 지내며 자녀들을 낳았으며 그는 구백육십이 세를 살고 죽었더라 에녹은 육십오 세에 므두셀라를 낳았고 므두셀라를 낳은 후 삼백 년을 하나님과 동행하며 자녀들을 낳았으며 그는 삼백육십오 세를 살았더라 에녹이 하나님과 동행하더니 하나님이 그를 데려가시므로 세상에 있지 아니하였더라 (창 5:4-24)

아담은 930세에 죽었고 셋은 912세에 죽었다. 가장 오래 산 것으로 유명한 므두셀라는 969세에 죽었다. 이성계가 조선을 건국한 것이 1392년이다. 그때 태어난 사람이 지금도 살아 있으면 633세다. 969년을 살려면 앞으로 336년을 더 살아야 한다. 969년이 그 정도로 긴 기간이다.

이런 내용을 읽으면 "와! 옛날 사람들은 엄청나게 오래 살았구나."라고 생각할 수 있다. 그러면 성경에 이런 내용이 기록된 이유가 무엇 때문일까? 아담의 족보는 사람들이 오래 살았다는 사실을 알려주는 것이 아니라 아무리 오래 살아도 죽을 수밖에 없는 운명이라는 사실을 알려준다. "와! 오래 살았다!"가 아니라 "죽었구나"를 생각해야 한다. 아담, 셋, 에노스, 게난, 마할랄렐, 야렛에 대한 설명이 전부 "…죽었더라"로 끝난다. 그런 기록을 보면서 "와! 오래 살았구나."라고 생각하는 것이 무슨 까닭일까?

휘장을 젖히고 언약궤에 다가가려면 대제사장이 일 년에 한 번 속죄일에 속죄의 피를 가지고 가야 한다. 그 피를 언약궤 위의 시은소에 뿌리는 것이다.

지금은 그럴 필요가 없다. 예수님이 십자가에 달려 돌아가실 적에 휘장이 위에서 아래로 찢어졌다. 본래 휘장이 찢어지려면 아래에서 위로 찢어져야 한다. 그런데 위에서 아래로 찢어졌다. 사람이 한 일이 아니라 하나님께서 하신 일이라는 뜻이다. 이렇게 해서 하나님께 나아갈 수 있는 길이 열렸다.

방금 확인한 아담의 족보에서 모두가 죽었는데 죽지 않은 사람이 있었다. 에녹이 그 주인공이다. 에녹은 죽지 않고 하늘에 올라갔다. 죄가 이 세상에 들어오니 사람들은 아무리 오래 살아도 결국 죽어야 하는 운명이 되었지만 모두가 그런 것은 아니다. 죽음으로 끝나지 않는 인생도 있었다.

대제사장이 일 년에 한 번 지성소에 들어간 것이 그것을 보여준다. 지성소가 휘장으로 가려 있어서 하나님께 이르는 길이 차단되었다. 하지만 대제사장은 일 년에 한 번 들어간다. 하나님께 이르는 길이 차단되었지만 완전히 차단된 것은 아니다. 에녹을 통해서 죽음으로 끝나지 않는 인생이 있음을 보여준 것처럼 언젠가 하나님께 이르는 길이 열린다는 사실을 암시한다. 예수님이 십자가에 달려 돌아가실 때 그 길이 열렸다.

전해 오는 얘기로 휘장은 양쪽에서 소가 잡아당겨도 찢어지지 않을 정도로 튼튼했다고 한다. 그런 휘장이 예수님이 돌아가실 때 위에서 아래로 찢어졌다. 전에는 아무나 지성소에 들어갈 수 없었는데 이제는 그렇지 않다. 하나님께 나아갈 수 있는 길이 열렸다. 죄인이 죄인인 상태로 하나님을 뵐 수 있게 되었다. 자기 죄에도 불구하고 하나님을 만날 수 있게 되었다. 말 그대로 복음이다.

사실인지 아닌지 모르지만 휘장이 찢어진 다음에 제사장들이 그것을 꿰매려고 난리법석을 부렸다고 한다. 전해 오는 얘기니까 '믿거나 말거나'이다. 비슷한 시도는 지금도 있다. 하나님께서 정하신 구원의 통로를 애써 외면하려는 시도는 인류 역사에 무시로 있었고, 앞으로도 있을 것이다. 게다가 그런 시도를 오히려 구원에 이르는 길인 양 얘기하는데, 그것이 설득력 있게 들리기도 한다. 이단의 얘기가 그럴 듯하게 들리는 데에는 그만한 이유가 있다. 이단은 사람이 만든 것이기 때문이다. 사람 귀에는 사람이 지어낸 얘기가 일리 있게 들릴 수밖에 없다.

의인을 위하여 죽는 자가 쉽지 않고 선인을 위하여 용감히 죽는 자가 혹 있거니와 우리가 아직 죄인 되었을 때에 그리스도께서 우리를 위하여

죽으심으로 하나님께서 우리에 대한 자기의 사랑을 확증하셨느니라(롬 5:7-8)

사람은 누구나 자기편이다. 남의 염병도 자기 고뿔만 못한 법이다. 모든 이유가 자기를 위해 존재한다. 다른 사람한테 적용하는 기준과 자기한테 적용하는 기준이 다르다.

지난 2008년, 사형은 인간 존엄성을 침해한다며 위헌 소송을 낸 사람이 있다. 전남 보성의 어부 O씨가 그 장본인인데, 그는 2007년 8월 바닷가에 놀러온 19세 대학생 커플을 자신의 배에 태워 바다로 나간 뒤 남자를 물에 빠뜨려 숨지게 했다. 여대생을 성폭행하기 위해서였다. 자신의 손길을 거부하는 여대생마저 바다로 내던졌다. 그리고 3주 뒤 같은 방법으로 20대 여성 2명을 더 살해한 죄로 사형을 선고받았다. 그가 2심 재판 진행 도중에 사형이 위헌이라며 헌법재판소의 판단을 요구한 것이다.

이런 논리가 어떻게 가능할까? 다른 사람의 생명을 빼앗아 놓고 자신의 생명을 존중해 달라는 요구가 탐탁지 않지만 사람이 전부 자기편이라는 사실은 명백하다. 자기는 남의 목숨을 빼앗을지언정 자기 목숨은 보호받기를 원한다. 〈삼국지연의〉에서 조조가 말한 것처럼 자기가 세상을 버릴 수는 있지만 세상이 자기를 버릴 수는 없다. 심지어 자기가 다른 사람을 위하여 죽는 것이 말이 될까?

여름이면 물에 빠진 사람을 구하고 대신 죽은 사람 얘기가 들린다. 처음부터 대신 죽으려고 작정한 것이 아니라 그 사람도 살리고 자기도 살려고 했는데 힘이 부친 것이다. 혹시 다른 사람을 위해서 죽는 일이 가능하다면, 딱 한 가지 경우뿐이다. 바로 자기 자식을 위해서다. 자식은 자기보다 소중하다.

그러면 누구를 위해서 자식을 죽일 수 있을까? 자기 자신조차도 대신 죽을 수 있을 만큼 자식이 귀한데 그런 자식을 누구를 위해서 죽인단 말인가? 상상하는 것조차 해괴하다.

그처럼 말이 안 되는 일을 하나님이 하셨다는 것이 우리가 믿는 기독교의 기초다. 그것도 우리가 하나님 마음에 쏙 들게 처신했더니 그런 우리를 가엽게 여기셔서 그 아들을 죽게 하신 것이 아니다. 죄로 인해서 하나님께로부터 멀리 떨어져 있을 때 그렇게 하셨다. 도대체 말이 안 된다. 세상에 누가 죄인을 위해서 자기 아들을 죽인단 말인가? 적당히 각색한 이단들의 얘기가 설득력 있게 들리는 것이 이상한 일이 아니다.

이단 집단에 속한 사람들이 왜 이단을 신봉하게 되었을까? 기독교 교리와 이단의 교리를 저울질해서 이단 집단을 택한 것이 아니다. 일단 빠지고 보니까 자기가 신봉하는 집단이 이단인 것이다. 먼저 이단이 된 다음에 거기에서 가르치는 교리로 무장한 것이니 무장된 교리를 벗겨봐야 여전히 이단이다. 이것은 논리의 문제가 아니다.

아담과 하와가 죄를 범했을 때 하나님께서 아담에게 물으셨다.

"아담아, 네가 어찌하여 그랬느냐?"

"하나님이 내게 주셔서 나와 함께 한 여자가 내게 줬습니다. 그래서 먹었습니다."

이번에는 하와에게 묻는다.

"여자야, 네가 어찌하여 그랬느냐?"

"뱀이 나를 꾀었습니다."

그런데 "뱀아, 네가 어찌하여 그랬느냐?"라는 질문은 없다. 뱀에게는 변명의 기회를 주지 않았다. "네가 이렇게 하였으니 네가 모든 가축과 들의 모든 짐승보다 더욱 저주를 받아 배로 다니고 살아 있는 동안 흙을 먹을지니라"라고 저주하셨다.

예수님이 귀신을 쫓아내실 적에도 귀신에게 발언권을 주신 적은 없다. "잠잠하고 그 사람에게서 나오라"가 전부였다.

간혹 이단은 우리와 어떻게 다른지 얘기해보고 싶다는 사람이 있다. 우리가 얻은 구원은 이성이나 지성의 영역에 해당하는 것이 아니다. 말로 그들을 설득할 수는 없다.

> 형제들아 내가 너희에게 나아가 하나님의 증거를 전할 때에 말과 지혜의
> 아름다운 것으로 아니하였나니 내가 너희 중에서 예수 그리스도와 그가
> 십자가에 못 박히신 것 외에는 아무 것도 알지 아니하기로 작정하였음이
> 라(고전 2:1-2)

바울이 고린도에서 하나님의 증거를 전할 때 말과 지혜의 아름다운 것으로 하지 않았다고 한다. 복음은 수사학적인 언변이나 논리적인 설득력의 문제가 아니기 때문이다.

신학생 시절, 고향 친구들이 한 친구의 집에 모인 적이 있다. 마침 그친구 생일이었다. 저녁상이 차려져 있었고 맥주병도 보였다. 그 친구가 맥주병을 내 앞에 올려놓더니 "학종아, 기도해라."라고 했다. 나를 꿇리려고 짐짓 수작을 부리는 것이다. 치우라고 했더니 정색하며 말했다. "네가 전도사냐? 그럼 말로 설득해서 나를 예수 믿게 해봐. 그럼 인정하마. 그것도 못하는 게 무슨 전도사냐?"

전도는 설득의 영역이 아니다. 말을 잘하는 사람이 전하면 안 믿을 사람도 믿고, 어눌한 사람이 전하면 믿을 사람도 안 믿는 일은 일어나지 않는다. 답은 "예수 천당, 불신 지옥"이다. 이 말에 '아멘'이 되면 구원 얻은 영혼이고, '아멘'이 안 되면 아닌 것이다. '아멘'이 되는 사람은 예수님의 십자가를 자기 일로 받아들이는 반면, '아멘'이 안 되는 사람은 예수님의 십자가가 자기와 무슨 상관이 있느냐고 한다. 이것은 말로 설명되는 영역이 아니다. 분명한 사실은 예수님이 우리 모두의 죄를 위하여 십자가에서 돌아가셨다는 사실이다.

> 그러므로 우리는 긍휼하심을 받고 때를 따라 돕는 은혜를 얻기 위하여
> 은혜의 보좌 앞에 담대히 나아갈 것이니라 (히 4:16)

예수님께서 우리를 위해 돌아가셨다. 우리가 해야 할 일은 때를 따라 돕는 은혜를 얻기 위하여 은혜의 보좌 앞에 담대히 나아가는 일이다.

죄가 있으면 담대하게 나아가야 한다. '뻔뻔하게'로 바꿔도 좋다. 그런데 죄가 있으면 도리어 숨으려는 경향이 있다. 잠자리에 들기 전에는 언제나 기도를 하는 청년이 있다고 하자. 하루는 회식을 하면서 상사가 하도 권하는 바람에 맥주 한 잔을 마셨다. 그날은 기도하기가 싫어질 것이다.

"이렇게 더러운 몸으로 어떻게 목욕을 가나? 좀 씻은 다음에 가야지", "이렇게 피가 철철 나는데 어떻게 병원에 가나? 상처가 조금 아물면 가야지"라고 하는 사람은 없다. 그런데 하나님에 대해서는 거꾸로 반응한다. 죄가 있으면 그나마 하던 기도를 안 하는 것이 아니라 기도를 더 열심히 해야 하는 것 아닐까? 은혜의 보좌 앞에 담대히 나아가야 한다. 뻔

뻔스럽게 나아가야 한다. 그것이 하나님께서 원하시는 일이다.

우리가 왜 담대하게 은혜의 보좌 앞에 나아가야 할까? 본문을 유심히 보면 그 답을 찾을 수 있다. 본문은 '그러므로'로 시작한다. '그러므로'는 인과관계를 나타내는 접속부사다. '그러므로' 앞에 있는 내용과 뒤에 있는 내용이 원인과 결과로 연결된다. 즉 담대하게 은혜의 보좌 앞에 나아가야 하는 이유가 그 앞에 있다.

> 우리에게 있는 대제사장은 우리의 연약함을 동정하지 못하실 이가 아니요 모든 일에 우리와 똑같이 시험을 받으신 이로되 죄는 없으시니라(히 4:15)

예수님은 우리의 연약함을 동정하지 못하실 분이 아니다. 전에 보던 〈개역한글판성경〉에는 "우리 연약함을 체휼(體恤)하지 아니하는 자가 아니요"라고 되어 있었다. 체휼(體恤)은 체험(體驗)이라고 할 때의 체(體)와 긍휼(矜恤)이라고 할 때의 휼(恤)을 쓴다. 처지를 이해해서 가엽게 여긴다는 뜻인데, 잘 쓰이지 않는 말이어서 동정으로 바꾼 모양이다. 은근히 아쉽다.

예수님은 우리 처지가 되어 보신 분이다. 우리가 연약한 것을 훤히 아신다. 그런데 왜 내숭 떠느냐는 것이다. 잘못했으면 빨리 자수해야지, 미적거릴 이유가 없다.

요즘은 골목길에서 노는 아이들을 보기 힘들다. 내가 어렸을 적에는 골목길이 놀이터였다. 골목길에서 놀다가 남의 집 유리창 깨뜨릴 수 있다. 그러면 빨리 집에 가서 유리창 값을 달라고 해야 한다. 어느 세월에

학교 공부 다 마치고 취직해서 돈 벌어서 갚는단 말인가? 아이가 놀다가 유리창을 깨뜨리면 부모가 물어주는 법이다. 알밤 한 대는 맞을지 몰라도 친척들이 모인 자리에서는 "우리 아이는 참 씩씩하다"라고 자랑할 것이다.

은혜의 보좌 앞에 담대하게 나아가라는 얘기가 바로 그렇다. 이렇게 할 수 있게 하기 위해서 휘장이 찢어졌다. 휘장인 주님의 육체가 찢어졌다. 우리가 하나님을 만날 수 있는 길이 열린 것이다. 이것이 복음이다.

12

언약궤

◆

출25:10-22〉 그들은 조각목으로 궤를 짜되 길이는 두 규빗 반, 너비는 한 규빗 반, 높이는 한 규빗 반이 되게 하고 너는 순금으로 그것을 싸되 그 안 팎을 싸고 위쪽 가장자리로 돌아가며 금테를 두르고 금 고리 넷을 부어 만들어 그 네 발에 달되 이쪽에 두 고리 저쪽에 두 고리를 달며 조각목으로 채를 만들어 금으로 싸고 그 채를 궤 양쪽 고리에 꿰어서 궤를 메게 하며 채를 궤의 고리에 꿴 대로 두고 빼내지 말지며 내가 네게 줄 증거판을 궤 속에 둘지며 순금으로 속죄소를 만들되 길이는 두 규빗 반, 너비는 한 규빗 반이 되게 하고 금으로 그룹 둘을 속죄소 두 끝에 쳐서 만들되 한 그룹은 이 끝에, 또 한 그룹은 저 끝에 곧 속죄소 두 끝에 속죄소와 한 덩이로 연결할지며 그룹들은 그 날개를 높이 펴서 그 날개로 속죄소를 덮으며 그 얼굴을 서로 대하여 속죄소를 향하게 하고 속죄소를 궤 위에 얹고 내가 네게 줄 증거판을 궤 속에 넣으라 거기서 내가 너와 만나고 속죄소 위 곧 증거궤 위에 있는 두

그룹 사이에서 내가 이스라엘 자손을 위하여 네게 **명령할** 모든 일을 네게 이르리라

"거기서 내가 너와 만나고"라는 말이 나온다. 여기가 속죄소(죄를 씻는 장소)다. 다른 말로 시은좌(은혜를 베푸는 자리)라고도 한다. 예전에 기도할 때마다 "이 시간도 저희를 은혜의 보좌 앞에 불러주옵시고…"라고 하는 분이 계셨다. 은혜의 보좌가 바로 시은좌다.

하나님이 모세에게 성막을 짓게 하면서 언약궤를 만들게 했다. 그리고 언약궤를 덮는 속죄소에서 모세를 만나겠다고 했다.

기독교가 여느 종교와 다른 점이 여기에 있다. 다른 종교에서는 사람이 노력해서 신을 찾아가야 한다. 스스로 신의 경지에 오르는 것이 구원이다. 우리는 그렇게 말하지 않는다. 하나님이 우리를 찾아오신다. 속죄소가 바로 그런 곳이다. "거기서 내가 너와 만나고"라고 한 것처럼 하나님이 우리를 만나주시는 장소다. 우리가 하나님을 알현하려고 면회를 신청하는 장소가 아니고 하나님이 우리를 기다리시는 장소다.

삭개오의 경우를 보자. 삭개오 생각에는 자기가 뽕나무 위에 올라가서 예수님을 기다렸을 것이다. 하지만 성경을 아무리 읽어도 삭개오가 예수님을 부르는 얘기는 없고, 예수님이 삭개오를 부른 얘기만 있다.

아담이 죄를 범했을 때도 그랬다. 아담이 반성문을 써서 하나님을 찾아간 것이 아니다. 아담은 숨고, 하나님이 아담을 찾으셨다. 만일 하나님이 죄를 범한 아담이 꼴 보기 싫다고 외면하셨으면 인류 역사가 어떻게 되었을까?

이것이 우리와 다른 종교의 차이점이다. 하나님이 먼저 우리를 찾아

언약궤

오신다. 예수의 피를 힘입어서 담대히 나아오는 사람들을 기다리는 장소가 바로 시은좌다. 아무리 큰 죄를 지었어도 하나님께서 은혜를 베풀려고 기다리신다.

성막의 존재 이유가 언약궤 때문이다. 하나님의 임재를 상징하는 언약궤를 두려니까 성소에는 떡상, 등잔대, 분향단이 있어야 했고, 성막 뜰에는 번제단과 물두멍이 있어야 했다.

성경에 언약궤에 얽힌 두 가지 사건이 나온다. 이스라엘이 언약궤를 앞세우고 블레셋과 싸운 사건과 웃사가 언약궤를 붙들었다가 죽은 사건이다.

이스라엘이 블레셋과의 싸움에서 졌다. 사천 명이 죽는 참패였다. 장로들이 모여서 대책 회의를 했다. 고심 끝에 내린 결론이 "여호와의 언약궤를 실로에서 우리에게로 가져다가 우리 중에 있게 하여 그것으로 우리를 우리 원수들의 손에서 구원하게 하자(삼상 4:3b)"라고 기록되어 있다. 자기들이 싸우러 오면서 언약궤를 두고 왔다는 것이다. 그들은 언약궤 앞에서 요단강이 갈라지고 여리고성이 무너지는 것을 목격했다. 이번에도 언약궤만 앞세우면 이길 수 있을 줄 알았다.

그런데 또 졌다. 이번에는 삼만 명이 죽었다. 가나안 입성 당시를 기준으로 이스라엘의 장정이 60만이었으니 1/20이 죽은 것이다. 게다가 언약궤마저 빼앗기고 말았다.

부교역자 시절, 담임 목사님이 주례를 서실 때마다 신혼부부에게 성경을 선물했다. 예식의 모든 순서를 마치고 신랑, 신부가 행진을 할 때 신랑에게 성경을 들려서 가슴에 품게 하고는 "이제 신랑, 신부가 하나님 말씀을 앞세우고 세상을 향해서 첫걸음을 내딛겠습니다. 힘찬 박수로 응원해주시기 바랍니다."라고 했다. 그 모습을 보면서 속으로 "신랑, 신부가 어떻게 사는지에 따라 저 성경이 하나님 말씀일 수도 있고 부적일 수도 있겠구나."라고 생각한 적이 있다.

이스라엘은 언약궤를 부적처럼 취급했다. 언약궤만 앞세우면 자기들 뜻대로 될 줄 알았다. 지금도 걸핏하면 '믿습니다'를 남발하는 사람이 있다. 자기가 '믿습니다'라고 하면, 하나님은 얼른 달려와서 그 사람 욕구를 충족시켜줘야 할까? 정말로 믿으면 믿는 대로 행하면 그만이다. 바락바락 악을 쓸 이유가 없다.

어쨌든 이런 어처구니없는 일을 통해서 나타난 효과가 있다. 이 사건을 계기로 언약궤가 실로를 떠나기 때문이다. 나중에 블레셋이 언약궤를 돌려보내는데, 실로가 아닌 벤세메스로 돌려보낸다. 거기서 다시 기럇여아림 아비나답의 집에 있다가 다윗이 왕이 된 다음에 예루살렘으로 모시게 된다.

또 요셉의 장막을 버리시며 에브라임 지파를 택하지 아니하시고 오직 유다 지파와 그가 사랑하시는 시온산을 택하시며 그의 성소를 산의 높음같이, 영원히 두신 땅같이 지으셨도다 (시 78:67-69)

실로는 에브라임 지파의 영토다. 후에 이스라엘이 남 왕국 유다와 북 왕국 이스라엘로 나뉠 때 북 왕국 이스라엘의 왕이 된 여로보암이 에브라임 지파 출신이다. 여로보암은 단과 벧엘에 금송아지 우상을 세운 사람이다. 언약궤가 그때까지 실로에 있었으면 어떻게 되었을까? 상상하는 것만으로도 끔찍하다.

한편, 블레셋이 언약궤를 벧세메스로 보낸 것을 보면 블레셋이 승전의 여세를 몰아 실로까지 점령한 듯하다. 성경은 나중에 실로가 황폐하게 된 모습을 인용해서 예루살렘을 경고한다.

> 너희는 내가 처음으로 내 이름을 둔 처소 실로에 가서 내 백성 이스라엘의 악에 대하여 내가 어떻게 행하였는지를 보라(렘 7:12)

> 내가 이 성전을 실로같이 되게 하고 이 성을 세계 모든 민족의 저줏거리가 되게 하리라 하셨느니라(렘 26:6)

이스라엘에게는 언약궤가 자기들의 욕심을 이루는 수단이었다. 그래서 실로에 있던 언약궤를 자기들의 싸움터로 옮겨 왔다. 하나님은 그 일을 통해서 에브라임 지파의 실로가 아닌 유다 지파의 예루살렘을 택하는 전기를 이루셨다. 요셉 형들이 요셉을 종으로 팔았지만 하나님은 그 일을 통해서 야곱 일가를 구원하셨고, 그렇게 해서 이스라엘 민족이 태동된 것 같은 일이 일어난 것이다. 하나님의 경륜을 다시금 찬양한다.

다윗이 왕이 된 다음에 가장 하고 싶었던 일이 언약궤를 왕궁으로 옮기는 일이었다. 그 일을 추진하는 과정에서 웃사가 죽는 사고가 일어난다.

> 다윗이 이스라엘에서 뽑은 무리 삼만 명을 다시 모으고 다윗이 일어나
> 자기와 함께 있는 모든 사람과 더불어 바알레유다로 가서 거기서 하나님
> 의 궤를 메어 오려 하니 그 궤는 그룹들 사이에 좌정하신 만군의 여호와
> 의 이름으로 불리는 것이라 그들이 하나님의 궤를 새 수레에 싣고 산에
> 있는 아비나답의 집에서 나오는데 아비나답의 아들 웃사와 아효가 그 새
> 수레를 모니라 그들이 산에 있는 아비나답의 집에서 하나님의 궤를 싣
> 고 나올 때에 아효는 궤 앞에서 가고 다윗과 이스라엘 온 족속은 잣나무
> 로 만든 여러 가지 악기와 수금과 비파와 소고와 양금과 제금으로 여호
> 와 앞에서 연주하더라 그들이 나곤의 타작마당에 이르러서는 소들이 뛰
> 므로 웃사가 손을 들어 하나님의 궤를 붙들었더니 여호와 하나님이 웃사
> 가 잘못함으로 말미암아 진노하사 그를 그곳에서 치시니 그가 거기 하나
> 님의 궤 곁에서 죽으니라(삼하 6:1-7)

웃사가 왜 죽었을까? 아니, 하나님이 왜 웃사를 죽게 했을까? 언약궤
에 손을 댄 것이 아무리 잘못이라고 해도 사형으로 다스려야 할 만큼 큰
잘못일까? 언약궤를 수레에 실을 때는 손을 대지 않고 실었을까? 언약궤
는 레위인 중에서도 고핫 족속이 어깨로 메어 옮기는 성물인데 짐승이
끄는 수레에 실어서 옮긴 것이 잘못이라는 말을 들은 적이 있다. 그러면
언약궤를 수레에 실은 사람한테 먼저 책임을 물어야 하지 않을까?

예전에 "언약궤가 넘어지거나 말거나 그냥 놓아두는 것이 옳습니까?"
라는 질문을 받은 적이 있다. 성경에는 웃사가 언약궤를 붙들었다는 기

록만 있지, 언약궤가 넘어질까 싶어서 붙들었다는 기록은 없다. 소들이 뛰었고 웃사가 언약궤를 붙들었으니 넘어질까 싶어서 붙든 것으로 지레 단정한 것이다.

웃사가 언약궤를 붙들었다고 할 때 쓰인 원어가 '아하즈'인데, 아하즈는 소유에 초점이 있는 단어다.

언젠가 혼인 예식에 참석했을 때의 일이다. 모든 순서를 마치고 신랑, 신부가 행진할 차례인데 주례자가 말했다. "신부, 신랑의 팔짱을 끼세요. '넌 내 꺼야!' 하고 꼭 붙드세요." 이렇게 붙드는 것이 '아하즈'하는 것이다. 웃사가 언약궤를 그렇게 붙들었다. 설마 언약궤가 웃사의 소유일까? 그렇다고 해서 원어를 모르면 아무리 읽어도 무슨 내용인지 모르겠다고 푸념하는 것은 섣부르다.

리어카로 장롱을 옮기는 것과 뒤주를 옮기는 것은 다르다. 장롱은 무게 중심이 높아서 자칫 넘어질 수 있지만 뒤주는 여간해서는 넘어지지 않는다. 어지간한 재주로는 일부러 넘어뜨리려고 해도 안 될 것이다. 언약궤는 어떨까? 언약궤는 길이가 두 규빗 반(114cm)이고 너비와 높이가 한 규빗 반(68.4cm)이다. 장롱처럼 무게 중심이 위에 있는 물건이 아니라 뒤주처럼 안정감 있는 물건이다. 수레가 덜컹거리는 정도로는 넘어지지 않는다. 무엇보다 성경에 "그들이 나곤의 타작마당에 이르러서는 소들이 뛰므로 웃사가 손을 들어 하나님의 궤를 붙들었더니"라고 되어 있다.

어린 시절에 소달구지를 탔던 적이 있다. 수레의 높이가 지면에서 50cm쯤 되지 않았나 싶다. 더 높아봐야 60cm다. 그런 수레에 높이가 68.4cm인 언약궤를 실으면 언약궤 상단은 어지간한 사람의 가슴보다 아래에 있게 된다.

그런데 소들이 뛰자, 웃사가 손을 들어서 언약궤를 붙들었다. 손을 왜 들었을까? 선반에 있는 물건이 떨어지려고 하면 손을 들어서 붙드는 것이 맞지만 가슴 높이보다 아래 있는 물건을 붙들기 위해서 손을 들 이유는 없다. 급하지 않았다는 뜻이다. 화급한 상황이면 손을 뻗어서 붙들어야지, 손을 들 틈이 없다. 어쩌면 웃사가 거들먹거리는 동작으로 손을 들어서 소매를 걸었는지도 모른다. "어허! 참, 가만히 좀 있지…" 하면서 언약궤를 붙든 것이다.

성경을 꼼꼼하게 읽으면 이상한 점이 또 있다. "다윗이 이스라엘에서 뽑은 무리 삼만 명을 다시 모으고 다윗이 일어나 자기와 함께 있는 모든 사람과 더불어 바알레유다로 가서 거기서 하나님의 궤를 메어 오려 하니 그 궤는 그룹들 사이에 좌정하신 만군의 여호와의 이름으로 불리는 것이라(삼하 6:1-2)"에서 알 수 있는 것처럼 애초에 다윗은 언약궤를 메어 오려고 했다. 그런데 언약궤가 수레에 실려서 나타났다. 그동안 언약궤를 간수한 웃사의 입김이 작용했을 것이다. 그 웃사가 손을 들어서 언약궤를 붙들었다가 죽었다. 웃사한테는 언약궤가 자기 마음대로 할 수 있는 자기 소유의 물건이었다. 언약궤를 마음대로 제어하는 자신이 자랑스러웠을 수도 있다. 숱한 인파가 지켜보는 가운데 호기롭게 언약궤를 내려다보며 가는데 수레가 흔들거리니 자기가 누구인지 드러내고 싶기도 했을 것이다. 죽음으로 다스리는 것이 마땅하다.

언약궤는 하나님의 임재를 상징하는 물건이다. 나중에 솔로몬이 성전을 만든 다음부터는 성전에 안치되었는데 요시야 때 한 번 언급된 것을 끝으로 기록이 안 보인다(대하 35:3). 아마 남 왕국 유다가 바벨론에 망하면서 성전이 파괴될 적에 소실되었을 것이다. 하지만 소실되었다는 직접적인 기록이 없다 보니 언약궤의 행방에 대해서는 전설 따라 삼천리 같은 얘기가 전해지기도 한다.

고대 유대 문헌인 〈2바룩서〉에 따르면 예레미야가 애굽으로 피신하면서 갖고 갔다고 한다. 이집트의 아스완댐 인근에 예레미야가 만들었다는 성전 유적이 지금도 있다. 에티오피아 악숨에 있는 시온의 성 메리 교회(St. Mary of Zion Church)에 보관되어 있다는 얘기도 있다. 솔로몬과 시바 여왕 사이에 태어난 메넬릭 1세가 언약궤를 예루살렘에서 옮겨 왔다는 것이다. 시온의 성 메리 교회는 언약궤가 있다고 주장은 하는데, 한 번도 공개한 적이 없다. 본 사람이 아무도 없는 셈이다. 바티칸의 비밀 문서고에 있다는 주장도 있고, 예루살렘 성전산 지하에 숨겨져 있다고도 하고, 요르단의 페트라에 있다는 주장도 있고, 심지어 피라미드 지하에 있다는 주장도 있다.

언약궤는 하나님의 임재를 상징하는 물건이다. 그런 언약궤가 지금도 있으면 어떻게 될까? 우리 신앙에 도움이 될까, 안 될까? 다른 경우를 생각해 보자. 예수님께서 부활하신 후 승천하신 것이 아니라 그냥 이 세상에 계시면 어떻게 될까?

얼핏 생각하면 도움이 될 것 같은데 그렇지 않다. 예수님은 우리를 위해서 십자가에 달리신 분이다. 우리 신앙이 좋아지는 일이라면 뭐든지 하실 것이다. 천국에 안 가는 일이라고 해서 마다하실 이유가 없다.

> 그러나 내가 너희에게 실상을 말하노니 내가 떠나가는 것이 너희에게 유익이라 내가 떠나가지 아니하면 보혜사가 너희에게로 오시지 아니할 것

예수님은 육신이 있으시다. 공간의 제약을 받는다. 예수님이 지금도 세상에 계시다면 예수님을 만나기 위해서 예수님이 계신 곳으로 가야 한다. 영등포에 계시면 영등포에 가야 하고, 제주도에 계시면 제주도에 가야 한다. 그 정도가 아니다. 주일이면 세계 모든 교회 중에 딱 한 교회를 제외한 모든 교회가 예수님을 모시지 못한 채 예배를 드려야 한다. 예수님은 이 세상에 계시지 않으셔야 한다. 예수님 대신 성령님이 계셔야 우리가 훨씬 더 자유롭고 부요하게 믿을 수 있다.

언약궤도 그렇다. 당시에는 사람들의 인식 능력을 고려해서 하나님의 임재를 상징하는 것이 필요했지만 지금은 그렇지 않다.

십계명과 예수님께서 주신 새 계명의 차이는 어떨까? 예수님께서 십계명의 내용을 '하나님 사랑, 이웃 사랑'으로 요약하셨다. "나 외에 다른 신을 섬기지 말라, 우상을 섬기지 말라, 살인하지 말라, 간음하지 말라…"라는 내용이 '하나님 사랑, 이웃 사랑'과 같은 뜻이다.

어떤 집에서 네 살 난 아이에게 "유치원에 가면 친구들과는 사이좋게 놀아야 한다"라고 말하면 네 살 난 아이가 "사이좋게 노는 것이 뭔데?"라고 물을 수 있다. 그런 경우에 "사이좋게 노는 것은 싸우면 안 되고, 과자 먹을 때는 나눠주고, 장난감은 같이 갖고 노는 거야"라고 대답하는 것이 그리 이상하지 않다. 그것이 사이좋게 노는 것의 전부일 수는 없지만 어린아이에게는 그렇게밖에 설명이 안 된다.

십계명이 그런 식이다. '하나님 사랑, 이웃 사랑'을 말해야 하는데 구약 시대의 이스라엘 수준으로는 그 말을 못 알아듣는다. 그래서 하나님을 사랑하고 이웃을 사랑하라는 내용을 풀어서 설명한 것이 십계명이다. 하나님을 사랑하려면 하나님 외에 다른 신을 섬기면 안 되고, 우상을 만들면 안 되고, 하나님의 이름을 망령되이 일컬으면 안 되고, 안식일을 기억하여 거룩하게 지켜야 한다.

그것이 전부일 수 없다. 친구와 사이좋게 놀려면 친구가 넘어졌을 때 일으켜줘야 한다. 그런데 애초에 그런 얘기가 없었다. 유대인들이 십계명을 그렇게 지켰다. 하나님께서 자기들한테 십계명을 왜 주셨는지는 몰랐다.

> 또 둘째 휘장 뒤에 있는 장막을 지성소라 일컫나니 금 향로와 사면을 금으로 싼 언약궤가 있고 그 안에 만나를 담은 금 항아리와 아론의 싹 난 지팡이와 언약의 돌판들이 있고 그 위에 속죄소를 덮는 영광의 그룹들이 있으니 이것들에 관하여는 이제 낱낱이 말할 수 없노라(히 9:3-5)

분향단(금 향로)은 떡상, 등잔대와 함께 성소에 있는 물건이다. 그런 분향단이 지성소에 있다고 하는 것이 의아할 수 있는데, 속죄일을 말하는 중이기 때문이다. 속죄일이면 대제사장이 분향단을 가지고 지성소에 들어가서 향연을 피워 속죄소를 가린다(레 16:12-13). 또 속죄제 숫염소와 수송아지의 피를 속죄소에 뿌린다(레 16:14-15). 그런 절차를 통해서 이스라엘의 모든 죄를 사함받는 것이다.

하지만 지금 말하고자 하는 바는 분향단이 아니라 언약궤에 있었다는 세 가지 물건이다. 흔히 이 구절에 근거해서 언약궤에는 만나를 담은 항아리와 아론의 싹 난 지팡이, 십계명 돌판이 있었다고 한다. 나도 〈쉽게 보는 어려운 성막〉에서는 그렇게 말했다. 세 가지 물건이 있었다는 말만 하면 안 된다. 왜 세 가지 물건이 있었는지도 설명해야 한다.

만나는 이스라엘의 광야 생활 중에 하나님이 양식으로 주신 것인데 외려 불평거리로 삼았고, 아론의 싹 난 지팡이는 하나님께서 하시는 일에 대해서 반기를 들었던 표시이고, 십계명은 지키려고 시도도 해보기 전에 깨진 것이라고 하면서 이 세 가지가 인간의 죄를 대표한다고 했다. 그런 세 가지 물건을 언약궤에 넣고 시은좌로 덮은 다음 거기에 피를 부으면 밖에서는 피밖에 안 보이니 피 흘림이 없은즉 사함이 없다는 말씀에 따라 죄가 사해지는 것이라고 설명했다.

그때는 나름대로 머리를 짜서 설명한 것이었는데, 아무래도 억지 논리 같다. 성경에서 가장 자주 언급하는 죄는 교만과 음행과 거짓이다. 사람이 하나님처럼 되려고 한 것에서 죄가 시작되었다는 차원에서 교만을 죄의 대표로 얘기할 수 있다. 우리가 그리스도의 신부라는 사실을 강조하기 위해서 음행을 죄의 대표로 얘기할 수도 있다. 구약성경에서 우상 숭배를 지적할 때도 음란을 같이 얘기한다. 또 성경은 마귀를 거짓의 아비라고 한다. 그런 측면에서 거짓을 강조할 수도 있다. 만나 항아리와 아론의 싹 난 지팡이, 십계명 돌판으로 인간의 대표적인 죄를 말하는 것은 아무래도 억지 같다. 게다가 하나님께서는 "거기서 내가 너와 만나고"라고 하셨는데, 그런 장소에 죄를 상징하는 물건을 갖다 두는 것도 어색하다.

또 있다. 사람들한테 십계명 돌판과 만나를 담은 항아리, 아론의 싹 난 지팡이 중에서 마음에 드는 것 하나를 골라 가지라고 하면 어떤 것을 택할까? 아무래도 십계명 돌판이 가장 인기 있을 것 같다. 언약궤에 세 가지 물건이 있었으면 그 세 가지 물건의 중요도가 비슷해야 할 텐데 다른 두 가지는 십계명 돌판에 비해서 확연히 기운다.

그것만이 아니다. 하나님께서 십계명 돌판은 언약궤에 넣으라고 말씀하셨는데(출 25:21, 신 10:2) 만나 항아리나 아론의 싹 난 지팡이에 대해서는 그런 말씀을 안 하셨다. 출 16:33에는 "또 모세가 아론에게 이르되 항아리를 가져다가 그 속에 만나 한 오멜을 담아 <u>여호와 앞에 두어</u> 너희 대대로 간수하라"라고 되어 있고, 민 17:4에는 "그 지팡이를 회막 안에서 내가 너희와 만나는 곳인 <u>증거궤 앞에 두라</u>"라고 되어 있다.

히브리서 기자는 왜 만나 항아리와 아론의 싹 난 지팡이, 십계명 돌판이 언약궤 안에 있다고 했을까? 천생 이 내용은 성경에 없는 상상을 해야 한다. 아마 처음에는 십계명 돌판만 언약궤 안에 넣고, 만나 항아리와 아론의 싹 난 지팡이는 언약궤 앞에 두었을 것이다. 얼마나 그렇게 했을까? 성막은 고정식이 아니고 이동식이다. 이스라엘이 광야를 행진할 때는 성막을 철거해서 같이 옮겨야 했고, 이스라엘이 한곳에 자리를 잡으면 그 한복판에 성막을 설치해야 했다. 그런 일을 하는 동안 만나 항아리와 아론의 싹 난 지팡이를 따로 보관하는 것을 번거롭게 여기지 않았을까? 언약궤 안에 두면 간단히 해결되는 문제인데 군이 따로 챙길 이유가 없다고 생각했을 것이다. 무엇보다 성경에는 이스라엘이 하나님 말씀에 제대로 순종한 기록이 없다.

> 그 궤 안에는 두 돌판 외에 아무것도 없으니 이것은 이스라엘 자손이 애굽 땅에서 나온 후 여호와께서 저희와 언약을 맺으실 때에 모세가 호렙에서 그 안에 넣은 것이더라(왕상 8:9)

솔로몬이 성전을 만들었을 때 언약궤 안에는 두 돌판 외에 아무것도 없었다고 한다. 이런 말을 왜 할까? 한때 두 돌판 외에 다른 것도 있었기 때문이다. 하나님께서 말씀하시지 않은 다른 것도 있었는데 그것들은 다 치워지고 두 돌판만 남은 것이다. 하나님께서 말씀하시지 않은 것이 하나님께서 말씀하신 것과 같이 있을 수는 없다.

예수님은 말씀이 육신이 되어 이 세상에 오신 분이다. 말씀과 육신이 동격인 셈이다. 말과 인격을 동일시하는 얘기는 주변에서 얼마든지 들을 수 있다. 어떤 사람을 존중하면 그 사람이 하는 말을 존중하기 마련이다. 어떤 사람을 무시한다는 얘기는 곧 그 사람이 하는 말을 무시한다는 뜻이기도 하다. 하나님의 임재를 상징하는 언약궤에 십계명 돌판이 있는 것은 너무도 당연하다. 하나님 말씀이 십계명뿐이 아니라고 할지 모르지만 십계명은 다르다. 하나님께서 직접 기록하신 것이기 때문이다[14].

성막은 운반이 가능하게 설계되었다. 이스라엘이 가는 곳마다 성막도 같이 옮겨 다녔다. 성막의 사역은 사람의 발길이 닿는 곳이면 어느 곳에서나 다 해당된다. 번제단도 그렇고, 물두멍도 그렇고, 분향단도 그렇다. 우리 삶의 모든 영역에 성막의 사역이 필요하다.

성막은 레위인이 운반했다. 레위에게는 게르손, 고핫, 므라리 세 아들이 있었는데, 각 자손별로 담당을 나눴다. 이를테면 떡상, 등잔대, 분향단은 고핫 자손이 맡았다. 그것들을 청색 보자기로 싼 다음 다시 해달 가죽으로 싸고 채를 꿰서 운반했다.

여기서 잠깐 엉뚱한 상상을 해보자. 중간에 다른 족속을 만나면 어떤

---

14 여호와께서 두 돌판을 내게 주셨나니 그 돌판의 글은 하나님이 손으로 기록하신 것이요 너희의 총회 날에 여호와께서 산상 불 가운데서 너희에게 이르신 모든 말씀이니라(신 9:10)

일이 일어났을까? 이방 족속의 눈에는 그들이 의아하게 보였을 것이다. "참 이상한 사람들이다. 별로 중요한 물건 같지도 않은데 굉장히 애지중지한다."라고 생각했을 것이다. 레위인들도 마찬가지다. "너희들은 모른다. 이것이 얼마나 소중한 것인지 너희들은 모른다."라고 생각하며 그들을 스쳐 지나갔을 것이다. 이것이 그리스도를 소유한 우리들의 모습이다. 분명히 뭔가 있는데, 그것이 얼마나 소중한 것인지 다른 사람은 모른다. 해달 가죽과 청색 보자기를 풀어 젖혀야 금빛 찬란한 성막의 기구들이 나온다.

성막을 옮긴 다음에 조립할 때의 마음은 어떻겠는가? 그들은 계속 광야를 행진했는데, 그들이 머무는 곳에 성막도 세워야 했다. 그때 성막을 세우던 레위인들의 심정이 바로 우리의 마음이어야 한다. 성막의 기구를 어루만지는 심정으로 교회 생활을 해야 하고, 성막을 조립해서 세우는 마음으로 자신의 신앙을 세워야 한다. 이 세상 그 누구도 모르는 우리만의 기쁨이다.

대제사장 복장

◆

대제사장 복장은 흉패, 에봇, 겉옷, 반포속옷, 관, 띠로 이루어진다. 흉패에는 홍보석, 황옥, 녹주옥, 석류석, 남보석, 홍마노, 호박, 백마노, 자수정, 녹보석, 호마노, 벽옥의 열두 보석이 있는데, 이스라엘 열두 지파를 상징한다. 대제사장은 그 마음에 항상 하나님의 백성 전체를 품어야 한다.

이스라엘은 열두 지파로 이루어졌다. 하지만 솔로몬이 죽은 다음에는 나라가 갈라지기도 했고, 주전 722년에는 북 왕국이 앗수르에게 망해서 나라가 아예 없어지기도 했다. 그래도 흉패에는 여전히 열두 보석이 있었다.

우리의 관심은 언제나 하나님의 백성 전체에 있어야 한다. 자기만 하나님의 백성이 아니다. 복잡하게 생각할 것 없다. 일단 교회에서는 싸우지 말아야 한다. 우리 모두가 같은 편이다.

우리나라 장로교는 여러 차례의 분열을 겪었다. 가장 큰 분열이 1959년에 있었던 예장통합과 예장합동의 분열이다. 모든 교회가 "우리는 통합측으로 가겠다", "우리는 합동측으로 가겠다"라는 식으로 의견 일치를 본 것이 아니다. 교회 내에서도 의견이 갈렸다. 한쪽이 기도를 하면 다른 쪽은 찬송을 부르고, 한쪽 목사가 설교를 하면 다른 쪽에서는 그 목사를 끌어내렸다.

신성한 예배 시간에 어떻게 그럴 수 있을까? 싸울 때 싸워도 예배는 마친 다음에 제직회나 공동의회를 하면서 싸워야 하는 것 아닐까? 그런 일이 가능한 이유가 있다. 상대방을 하나님의 백성으로 인정하지 않았기 때문이다.

일찍이 한경직 목사가 한 얘기가 있다. "자고로 교회는 싸우지만 않으면 부흥됩니다." 교회는 싸우고 싶은 요소가 다반사로 있는 곳이다. 그럼에도 불구하고 싸우지 않을 만큼 교인들이 성숙하면 교회는 부흥하기 마련이다.

교회에서 싸움이 생기면 세상에서의 싸움보다 화해하기가 더 힘들다고 한다. 교회 밖에서는 같이 소주잔을 기울이며 털어버릴 수 있는데 교회에는 그게 안 되기 때문이라는 말을 들은 적이 있다. 설마 그럴까?

교회에서 싸울 경우, 자기 입장이 신앙을 명분으로 이데올로기화하는 경향이 있다. 자기 생각을 관철하는 것을 신앙으로 생각하는 것이다. 자기는 하나님 편에 있고 상대방은 하나님 반대편에 있다고 생각하면 양보나 타협의 여지가 없게 된다. 기도하면서도 상대방을 정죄하는 기도를 하고, 성경 구절을 인용해도 상대방을 비난하기 위해서 성경 구절을 인용한다. 갈등이 증폭될 수밖에 없다.

대제사장의 흉패에는 이스라엘의 정세와 무관하게 항상 열두 보석이 있었다. 우리 중에 하나님의 관심 밖에 있는 사람은 아무도 없다. 우리가 비아냥거리는 그 사람도 하나님께는 보석처럼 소중한 존재다. 이 사실을 인정한다면 모든 이웃을 품을 수 있어야 한다. 도저히 못 품겠다는 사람이 있으면 어느 날 갑자기 하나님의 음성이 들릴 수도 있다. "나는 그 사람을 위해서 피를 흘렸는데 너는 손도 못 내밀겠느냐?"

또 머리에는 관을 쓰는데, 관에는 '여호와께 성결'이라고 쓰인 패가 있었다. 하나님을 섬기는 사람의 유일한 관심이 바로 '여호와께 성결'이어야 한다. 거룩한 복장을 갖추는 것이 전부가 아니다. 매사를 하나님 앞에 성결해야 한다는 원칙 아래 행해야 한다.

일찍이 아우구스티누스가 "하나님을 사랑하라. 그리고 마음대로 하라."라고 했다. 신앙이 있으면 방종해도 된다는 뜻이 아니다. 하나님을 사랑하는 사람이라면 무슨 일을 하든지 하나님을 사랑한다는 원칙에서 행할 것이기 때문이다. 연애를 할 적에는 으레 애인이 기준인 것과 같다. 우리는 언제, 어디서, 무슨 일을 하든지 과연 하나님을 사랑하는 마음으로 하고 있는지 따져야 하는 사람들이다.

요컨대 가슴에는 이스라엘 열두 지파를 품고 이마에는 '여호와께 성결'이라고 쓰인 패를 붙인 것이 대제사장 복장이었다. 신약식으로 얘기하면 '하나님 사랑, 이웃 사랑'이다.

구약 시대의 대제사장이 가슴에 있는 흉패와 이마에 있는 패로 자신을 성별했다는 사실을 우리한테 적용하면 어떻게 될까? 우리는 '하나님 사랑, 이웃 사랑'으로 자신을 성별해야 한다. 그것을 위해서 마땅히 거룩한 옷을 입고 거룩한 삶을 살아야 한다.

청설모라는 다람쥣과 동물이 있다. 본래 이름이 청서(靑鼠)다. 청설모는 청서의 털을 말한다. 족제비 털이 붓 재료로 인기 있었던 것처럼 청서 털도 그랬다. 사람들이 청서의 털에 주목하다 보니 급기야 이름마저 바뀌었다.

나는 청설모만 보면 괜히 뿌듯하다. "누구든지 그리스도와 합하기 위하여 세례를 받은 자는 그리스도로 옷 입었느니라"라는 말씀이 떠오르기 때문이다.

군복을 입으면 군인이고 경찰관복을 입으면 경찰관인 것처럼 옷이 곧 그 사람의 정체성을 나타낸다. 청서가 털로 자기의 정체성을 삼은 것처럼 우리는 그리스도로 정체성을 삼는다. 누군가 우리를 볼 때 우리는 보이지 않고 그리스도만 보였으면 좋겠다.

한 가지 따져보자. 군복을 입으면 군인이고 경찰관복을 입으면 경찰관이라고 했는데, 그리스도로 옷 입으면 어떻게 될까? 그리스도가 될까, 그리스도인이 될까? 사실 이런 질문은 무의미하다. 그리스도와 합하기 위하여 세례를 받았기 때문이다. 이미 그리스도와 합했는데 어디에서 어디까지가 그리스도이고, 어디에서 어디까지는 그리스도인인지 따져서 무엇을 할까? 우리가 그리스도와 합했다는 사실이 중요하고, 그리스도가 우리 정체성이라는 사실이 중요하다. 이런 사실을 보여주는 것이 대제사장 복장이다.

그렇다고 해서 대제사장 복장이 일 년 내내 화려했던 것은 아니다. 속죄일에는 복장이 달랐다.

아론이 성소에 들어오려면 수송아지를 속죄 제물로 삼고 숫양을 번제물로 삼고 거룩한 세마포 속옷을 입으며 세마포 속바지를 몸에 입고 세마포 띠를 띠며 세마포 관을 쓸지니 이것들은 거룩한 옷이라 물로 그의 몸을 씻고 입을 것이며(레 16:3-4)

이스라엘의 모든 죄를 사함받는 속죄일에는 세마포로 된 옷을 입었다. 문상을 갈 때는 화려한 옷을 피하는 법이니 당연하다 싶을 수 있지만 그런 개념이 아니다.

그들이 내 성소에 들어오며 또 내 상에 가까이 나아와 내게 수종들어 내가 맡긴 직분을 지키되 그들이 안뜰 문에 들어올 때에나 안뜰 문과 성전 안에서 수종들 때에는 양털 옷을 입지 말고 가는 베옷을 입을 것이니 가는 베 관을 머리에 쓰며 가는 베 바지를 입고 땀이 나게 하는 것으로 허리를 동이지 말 것이며(겔 44:16-18)

아담, 하와가 범죄했을 때 하나님이 아담에게 "네가 흙으로 돌아갈 때까지 얼굴에 땀을 흘려야 먹을 것을 먹으리니(창 3:19a)"라고 하셨다. 땀이 노력의 상징인 셈이다. 가는 베옷과 가는 베 관, 가는 베 바지를 말하는 이유가 여기에 있다. 땀이 나지 않게 해야 하기 때문이다. 우리가 죄를 사함받는 것은 우리 노력의 결과가 아니다. 그래서 속죄일에는 평소의 대제사장 복장 대신 세마포를 입었다. 우리의 구원은 행위가 아닌 은혜의 산물이다. 하나님께서 우리한테 아무런 조건도 묻지 않고 우리를 구원하셨다.

팀 켈러 목사가 그의 책 〈마르지 않는 사랑의 샘〉에서 구원은 우리 노력이 아니라 하나님의 은혜로 얻어진다는 말을 들은 여자가 보인 반응을 소개한다.

"그것 참 무서운 말이네요. 좋기는 하지만 어쨌든 무서워요."

"아무런 공로 없이 받는 은혜가 왜 무서운가요?"

"내가 나의 선행으로 구원받는다면 하나님이 나한테 요구할 수 있는 데는 한계가 있을 거예요. 나는 말하자면 권리가 있는 납세자 같다고 할까요? 나는 내 의무를 다했으므로 당연히 어느 정도의 권리가 있어요. 하지만 내가 하나님의 무한한 은혜로 구원받았으면 하나님이 나한테 요구할 수 없는 것은 아무것도 없잖아요?"

하나님께서 우리한테 그런 구원을 베푸셨다. 속죄일에 입는 대제사장의 세마포가 이 사실을 보여준다. 우리가 그런 구원을 얻었으면 남은 일은 그런 구원을 얻은 사람으로 사는 일이다. 이 세상에서 오직 우리만 하나님의 백성이다.